日本国史の源流

縄文精神とやまとごころ

東北大学名誉教授
田中英道

育鵬社

まえがき――日本人の原点は「縄文精神」と「やまとごころ」にある

この本は、日本人の思想が、すでに縄文時代＝日高見国《ひだかみこく》時代から「縄文精神」として存在したこと、また大和国《やまとのくに》時代、すなわち飛鳥―天平時代に形成され、神道・仏教を融合させた「やまとごころ」によって、安定した思想形態として成立していたことを語ろうとしたものです。つまり日本人は八世紀の天平時代まで、しっかりとした思想をもっていたということです。

ドイツの哲学者カール・ヤスパース（一八八三～一九六九）は、『歴史の起源と目標』という著作のなかで、紀元前六世紀から三世紀にかけて（日本の縄文―弥生時代）、世界思想がプラトン、アリストテレス、『旧約聖書』、ブッダ、孔子などによって展開され、それ以後の思想は、ほとんどその応用編に過ぎない、といっていますが、それはちょうどこの本で語る日本人の思想の形成期にあたります。

ヤスパースは、人間の「枢軸時代」として《我々が今日に至るまで共に生きてきた人間が生まれた》と書いて、東西の思想家を数多くあげて論じています。しかし、そこには日本人は一人もいません。そうした「枢軸時代」の思想家の名前は、哲学事典の類にきらびやかに載せられていますが、日本からは誰も登場していないのです。

だからといって、日本人に思想がない、というのではないのです。日本人が彼らと異なる人種ではないのです。日本には、単に文字を使った思想が表現されなかっただけの話です。日本人は、思想を文字ではなく、行動や形象で語っていたのです。行動は形象に残されています。文字がもたらされた六世紀以後も、和歌、俳句といった、世界最小形態の詩形で表現をしてきましたが、多くは美術の形で語ってきたのです。

夏目漱石は日本人の文化では美術の分野が一番すぐれている、と述べました（拙著「夏目漱石にとっての親分」『国民の芸術』〈産経新聞ニュースサービス〉）。日本人は美術によって、形象美を誇ってきました。そしてそこに思想も込められていたのです。

ヤスパースは、そうした日本人の思想表現を知らないし、私が最大の思想家と考える七世紀の聖徳太子にしても、枢軸時代の千年以後ですから取り上げていません。しかしそれをもって、日本に思想はなかったということはできないのです。

ヤスパースは実は、日本の仏像から、日本の思想を読み取っていました。聖徳太子が関係する日本の七世紀初頭の広隆寺の「弥勒菩薩《みろくぼさつ》」像を前にして、次のようにいっています。

《私は今迄哲学者として、人間存在の最高に完成された姿の表徴《ひょうちょう》として、色々のモデルに接してきました。古典ギリシャの神々の彫像も見たし、ローマ時代に作られた多くのすぐれた彫刻を見たことがあります。

然《しか》し乍《なが》らそれ等のどれにも、まだ完全に超克されきっていない地上的人間的なものの臭が残っていました。理智と美の理想を表現した古代ギリシャの神々の彫像にも、地上的な汚と人間的な感情が、まだどこかに残されていた。キリスト教的な愛を表現するローマ時代の宗教的彫像にも、人間存在の本当に浄化されきった喜というものが完全に表現されてはいないと思います。それらのいずれも、程度の差はあっても、まだ地上的な感情の汚を残した人間の表現であって、本当に人間実存の奥底にまで達し得た者の姿の表徴ではないのです。

然るに、この広隆寺の弥勒像には、真に完成されきった人間実存の最高の理念が、あますところなく表現され尽していています。それは、この地上におけるすべての時間的なるものの束縛を超えて達し得た、人間の存在の最も清浄な、最も円満な、最も永遠な姿の表徴であると思います。私は今日まで何十年かの哲学者としての生涯のうちで、これほどまでに人間『実存』の本当に完成されきった姿をうつした芸術品を、未だかつて見たことがありませんでした。この仏像は、我我人間の持つ『人間実存における永遠なるもの』の理念を、真にあますところなく完全無欠に表徴しているものです》(篠原正瑛訳『敗戦の彼岸にあるもの』弘文堂)。

ヤスパースは、この飛鳥時代の広隆寺の弥勒菩薩に、人間の存在の最も清浄な、最も円満な、最も永遠な姿の表徴を見ているのです。ギリシャ彫刻やキリスト教彫刻など、彼が見たあらゆる像にない、真に完成された人間実存の最高の理念が、あますところなく表現されているというのです。

歴史家である前に美術史学を専門としていた私も、これに同意します。そして私は、この広隆寺の弥勒菩薩像だけでなく、その他、数多くの日本の仏像や埴輪《はにわ》、銅鐸《どうたく》、そして「枢軸時代」以前の、縄文の土器、土偶にもそれを見出すのです。ヤスパースが指摘した西洋の像を私はすべて見ていると思いますが、ヤスパースのいうように日本の仏像ほどの超越性は表現されていない、という意味に賛成します。

日本では、地上的な汚れと人間的な感情を超越することは、むずかしいことではないのです。人間はもともと「天地（あまつち）」から生まれたもので、自然は、もともと「汚れ」も人間的な感情もない、という認識があるのです。母親から生まれる赤児は、神＝自然の存在と考えられました。「汚れ」も大人の感情もない存在だったのです。人間として生活するなかで「汚れ」を感じたとき、日本人は神社で御祓いを受けるのです。西洋人のような、一生罪を背負って生きる宗教的な教えはなかったのです。

ヤスパースは「枢軸時代」に生まれた思想として、ギリシャ哲学や中国の道徳と同時に仏陀の仏教、エリヤをはじめとする預言者たちのユダヤ教、ゾロアスター教などの宗教もあげていました。いずれも文字で書かれたものを評価の対象にしています。

しかし、ヤスパースは日本に関してはこの広隆寺の「弥勒菩薩像」のなかに、他の文明にない、かえってそれ以上の日本の思想を読み取っているのです。《真に完成されきった人間実存

木造弥勒菩薩半跏思惟像（広隆寺）

の最高の理念が、あますところなく表現され尽していますﾞ》とは、自然の絶大さに人間の卑小さを感じ、謙虚になり、しかしその秩序のなかに自然道があると確信しているのです。

キリスト教徒は「一神教を選び、その神を自然の上に置く宗教とともに、人間存在の本当に浄化されることは神とともにあることだと信じています。しかし神から離れれば、まだ地上的な感情の汚れを残した人間とならざるをえないと感じています。本当に人間実存の奥底にまで達し得たものではない」といっているのです。日本人からいわせてもらえば、その神でさえも、人間の感情や欲望のなかに存在するのだということになります。

日本は神よりも自然を前に置くために、そのような考えをもたないのです。それが共同宗教の神道＝縄文の精神といえるのですが、そこに個人の存在を認識したのは、個人宗教の仏教を受け入れたからなのです。そうであるからこそ、この「弥勒菩薩」像にそのことが表現されているのです。あくまで、人間の自然の存在をつきつめていけば、このような姿になる。そこには立派な形而上学《けいじじょう》があるのです。

縄文の思想、つまり日本人がすべて感じ、信じている共同宗教の上に、仏教の個人宗教が自覚されたからこそ、仏像という形象に集約されたのです。それが、まさに「やまとごころ」の表現ということができるでしょう。

形象表現が思想を表す、という事実を、ヤスパースはこの「弥勒菩薩」のエッセイのなかで示しています。こうした観点がなければ日本の思想は語れないということを知っているようです。日本は形象学（フォルモロジー）がなければ歴史は解けないことをいっているように思えます。

人間にとって文字表現だけが思想表現ではありません。西洋思想がギリシャ美術、ルネッサンス美術の理解なしには理解できないのと同じです。文字というものが、二次的な表現であることを知っていた日本人は、日本に入ろうとしていた中国語やヘブライ語を簡単に受け入れませんでした。おそらく、千年は見て見ぬふりをしていたと思われます。文字を介した表現に強い必要性を感じなかったからです。日本列島に渡来してきた人々は、たちまち口承日本語を習得するだけで、文字を必要としなかったのです。文字や契約書のようなものがなくても、お互いの信頼関係を口承で結ぶことができたからです。

日本人は六世紀以降、帰化人の急激な増加によって、漢語を理解したシナ人系、秦《はた》氏系の人々から漢字を導入し、彼らの語彙を工夫して日本語にしていったと考えられます（このことは言語学者によっても、まだよく解明されていません）。口承の会話で一万年以上過ごしてきた日本人はようやく、記録したり、他人と約束を交わしたりするために、文字の必要性を感じるようになったのです。そして文字を使うようになるとまもなく、『万葉集』や『古事記』という最小の形式の文学的表現で、すぐさま高い表現域に達することになりました。これも形象表現ですでに高い域に達していたからだといっていいでしょう。

本書は、縄文時代から奈良時代について、私がこれまで論文として発表してきた論稿の中から要約し、思想化したものです。一般の読者の方々にとって、興味深く思われるであろうテーマを選び出し、新たな考察も取り入れ、なるべくわかりやすいかたちに書き改めました。もともとそうした提案をされたのが、今回も育鵬社編集長の大越昌宏氏でした。大越氏と協力者の高関進氏のご助力に感謝いたします。また、引用または参照した文献については、できるかぎり書き入れましたが、紙幅の関係もあり、省いたものもありますので、ご容赦くださるようお願いします。

令和二年八月

田中　英道

◉目次◉

第二章　『祝詞』の「大倭日高見国」とは何か

第三章　「日高見国」から「大和国」へ

第四章　神道としての縄文土偶・土器

第五章　神道の基本となる皇祖霊信仰

第六章　人物埴輪からわかるユダヤ人の「やまとごころ」

第七章　これまで無視されてきた秦氏の活躍

第十章 稗田阿礼が語った『古事記』の世界

第十一章　奈良仏教と「古典文化」

第十二章　日本のミケランジェロ・国中連公麻呂の登場

第十三章　歌の殉死「海行かば」の歌人・大伴家持

第十四章　疫病に勝った「やまとごころ」

編集協力――高関　進
装　幀――村橋雅之

第一章　縄文精神とは何か

◉世界の原郷・日本

「世界の原郷・日本」とここで述べる意味は、極東の日出《いづ》る国・日本という地理的な意味だけでなく、世界最初の土器をもったことにもよります。縄文時代は、生活を文化に変えた、という精神性を獲得した時代でもあったのです。

土器などというと、みなさんは「最も素朴な道具で、文化以前のものだ」と思っているかもしれません。しかしそれは石器類のことで、土器はそうではありません。それまでの石器と異なり、加除や修正が自由自在になりました。道具として煮炊きに使用できるのと同時に、その造形の自由さを利用して、人間の造形力を引き出すものでもあったのです。芸術制作がはじまったのです。

太陽という、人間にとって可視的な大きな存在が、東の方向から出ることを知った人間たちは、その方向に歩きはじめました。太陽信仰のはじまりです。アフリカに発生した人間は、太陽に向かって歩き出したのです。または木で作った船に乗って、海に漕ぎ出したのです。その船の舳先には太陽が輝いていました。中央アジアのアゼルバイジャンにあるゴブスタンの遺跡の岩窟壁画にも描かれています（石器時代の遺跡で二〇〇七年世界遺産に登録されました）。

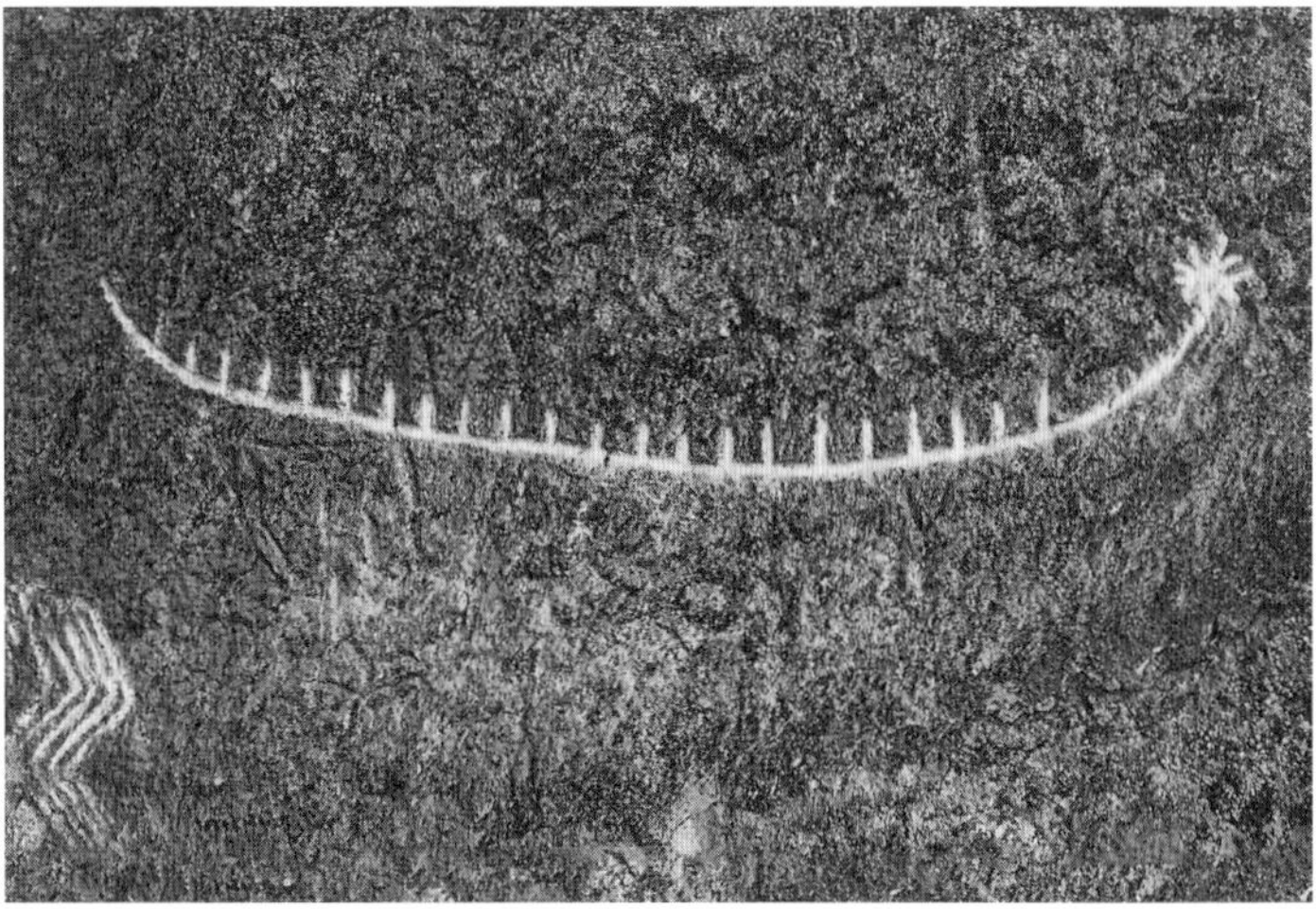
ゴブスタンの遺跡の岩窟壁画

エジプトの船の絵画にも太陽神が先頭に立って、船を導いていきます。

世界で最も古い文化的遺物というと、メソポタミアやエジプトなどの「古代文明」を思い起こすかもしれません。しかし、西アジアやアフリカ、ヨーロッパの土器は、最も古いものでも約九千年前で、東アジアや中国の土器はそれを五千年以上遡ることはありません。

現時点での世界最古の土器は、青森県の大平山《おおだいやま》元《もと》遺跡から出土したもので、放射性炭素年代測定法（C14）では、一万六千五百年前という測定結果が出ており、これは世界でも認められています。

土器は、粘土を練り固めて成形し、これを焼くと、粘土鉱物結晶の酸素イオンが水分子となって追い出され、化学変化を起こし別の鉱物に変化します。焼き上げた土器は、自然乾燥させた粘土と違い、元の粘土には戻りません。普通考えられるような、粘土を固めたものなどではなく、日本の土器は、別の鉱物となったものなのです。

日本の縄文土器は、人類が初めて手にした化学変化による発明品となっています。土器によって、煮る・炊く・蒸すといった調理が初めて可能となり、食物の貯蔵もできるようになるなど、最初の生活土器でした。地理的にも世界の原郷であるだけでなく、生活の原郷でもあったのです。


日本列島では、約一万年前に氷河期が終わり、温暖化が進みました。列島の植生も寒冷地の針葉樹林帯から、照葉樹林（常緑広葉樹林）・落葉広葉樹林帯へと変わっていったのです。温暖化のピークは約六千年前で、この頃には海水面が上昇する「縄文海進」が進行したことが知られています。

縄文遺跡はこの年代の遺跡が最も多く、同時に土器も大量生産され、約四千年前には人口も二十六万人に達し、これが縄文時代の人口の最盛期だったと見られています。

私はこの時代に、日本に自然発生的な国家があったと考えています。名前は「日高見国」です。そのことは後述しますが、それはのちの日本神話では「高天原《たかまがはら》」と呼んでいる、一種の天国でした。一番先に朝日の昇る島であったのです。

そこは太陽を中心とした森林の大国でした。特に落葉広葉樹は葉が薄く、光が地表まで届くので、森の植生が非常に豊かでした。シカやイノシシなどの動物にとっても、食料の供給源となったのです。

日本では、縄文時代の人口の最も多いときは、その人口分布の八割が東日本でした。私はそこが神話で言及されている日高見国であったと考えています。落葉広葉樹林帯に重なっており、森の植生が大きく関わっていることがわかります。

照葉樹や落葉広葉樹は、クルミ、クリ、トチ、ドングリ類などの堅果類を実らせ、人間や動物の食生活を豊かにしたのです。

そしてカシ、ナラなどのドングリ類を、土器によってアク抜きをして食べていました。灰汁《あく》による煮沸でアク抜きを行い、ドングリ類も食することができるようになり、やがてクリが主食になりました。堅果類に限らず、土器を用いた加熱調理は縄文人の食のバラエティを大きく広げていったのです。

現在でも堪能《たんのう》することができる、四季の移ろいや日本独自の美しい自然の風景は、飛鳥時代から、などと思う必要はありません。縄文時代＝日高見国時代からあったのです。そうしたなかで育まれた縄文人は、心も豊かで、一万年ものあいだ日本人のＤＮＡを形成してきました。

「火焔《かえん》型土器」と呼ばれる土器、不思議な身体を見せている土偶があります（どんな意味を有しているのか、本書でも解明していきます）。そこに見られる、独創的で芸術の域に達している感性豊かな造形美は、中国・朝鮮にも東南アジアにも見られぬ形態で、まさに縄文土器は世界最古級の美、ということができます（68頁参照）。

縄文時代の最盛期の日本は、世界で最も豊かなところだったということができるのです。

◉先史時代の宗教

日本で「縄文時代」と呼ばれる時代は「考古学の時代」であって、「宗教」などありえないし、仮にあったとしても最も原初的な時代、ということになっていました。

文字もなく、道具も粗末なもので、土器、土偶も素朴な造形物であり、そこで「宗教」や「思想」を問おうとしても、「アニミズム」（自然界のそれぞれのものに固有の霊が宿るという信仰）でしかない、というわけです。文献史料もないから学問的にも裏づけられない、といわれていました。

たしかに人口が少なく、技術は劣っていましたが、この時代に「精神文化」までも低かったかどうかはわかりません。むしろこの時代につくられた造形物から、立派に「宗教」につながる精神文化があった、と考えるほうが自然ではないでしょうか。

それは数多くの縄文時代の遺跡や土器、土偶から類推できることですが、特に一九九二年以降の三内丸山《さんないまるやま》遺跡の発掘が起因となって、縄文時代にも「宗教」につながる精神文化があったことがわかってきました。

その発掘の成果を踏まえながら、この時代のさまざまな形象物の形の分析により、学問的に裏づけることが可能になったのです。私はそれをフォルモロジー（形象学）的方法と呼んでいます。

それによって、日本の「縄文」「弥生」のような時代が、決して単純な「原始」時代ではなく、高い「宗教心」をもった時代であり、ある意味では日本の「基層文化」として原初の姿を宿していることがわかってきました。

◉三内丸山遺跡からわかった新事実

それまでの縄文文化に関する認識を更新させる新たな事実が、平成四年（一九九二）以来の三内丸山遺跡の発掘調査で判明しました。

まず三内丸山遺跡では、墓地がたいへん重要な位置を示しています。それは集落内に、あたかも生者の住居と同等につくられており、生者と死者の共存のような形をとっているかに見えます。住居地の北、北盛土《もりど》の東側に、総延長四百二十メートルもの道路を挟んで墓地があるの

三内丸山遺跡（青森県）

です。

一方、最近の調査では、集落の西側にも、三百三十メートルにわたって墓が並んでいることがわかりました。ともに大人の墓地で、死者たちは生者と同じように、そこに「住んでいる」のです。さらに、盛土に近いところに子供の墓地が別につくられ、子供の頃に死んだ者たちが特別に供養されています。

また、大人の墓地でも男女が別々に埋葬されていることが多く、こういった世代別、男女の区別からは、集落全体が、個々の集まりというよりも、集団的な役割として機能していたのではないか、と推測できます。

墓がみな平等で、大きな墓や小さな墓の区別がないことは、集落があれば貧富の差ができて支配・被支配の階級社会がある、というマルクス主義の歴史家の幻想を砕くものでした。もともと人間の社会での区別は、階級ではなく役割分担なのです。ただ、墓のあいだが狭いもので約四センチ、広いもので四メートルあるので、家族や集団の違いがあったことは推測されます。

墓地が、今日のように郊外にあったり、村の外れにあったりするのではなく、集落内にあることは、死んだ人々が間近におり、その霊がまだ生きている、という信仰が今日よりも強かったことを示しているといえるでしょう。墓を死者の家に見立てて、生者がそれを守っている、ということになるからです。

◉御霊信仰が存在した

遺体は、深鉢形の土器を大きくした甕棺《かめかん》に屈葬の姿勢で納めますが、これは伸展仰臥《ぎょうが》位よりも生きているときの姿勢に近いといえるでしょう。

また、副葬品として敲石《たたきいし》や凹石《くぼみいし》、石鏃《せきぞく》、異型石器、円礫《えんれき》などが見出されます。特に円礫は、その霊力が信じられていたにちがいありません。「御霊信仰」、あるいは「祖霊信仰」がこの世界にあったことは確かで、これが「神道」の御霊信仰と共通しています。

それはまた、日本の「仏教」が、死ぬと「仏になる」という「神道」化にもつながっていくのです。

死体は動かないにしても、その御霊はそれとともに生きている、という信仰は、当然、そこに精神の自立性を生み出していきます。千五百年も同じ土地に生きていた三内丸山の人々は、当然祖先の血が続いている、という考えをもっていたのでしょう。

彼らは、祖霊との感応を体験していたはずですし、過去の記憶も共通にあったにちがいありません。人々は口誦《こうしょう》でそれを語り合うことがあったと思われ、ここに「神話」に近いものがあったと推測されます。

人間の死が、宗教の源泉であることはいうまでもないことで、これは御霊信仰においても、いかなる宗教においても共通しています。死者を弔う墓もまた、そのことをよく示すものなのです。

たとえば日本には、墳墓の規模が世界でも最大なものとして、前方後円墳と呼ばれる古墳が存在しています。しかし驚くべきことに、『古事記』『日本書紀』（以後、『記紀』と記す）はこの前方後円墳を記述していません（ちなみに私は、「前方後円墳」は、その成り立ちを考えれば、本来は、「前円後方墳」と呼ぶべきだと思っているので、この後は、「前円後方墳」と記します）。

これほどの国家的大事業のはずの巨大墳墓造成について、国家の記録に載せられていないのは、墳墓造成が祭祀、つまり政治と別個の存在として認識されていたからでしょう。墳墓造成と儀式そのものは、まさに「神事」だったのです。

死者の霊を祀り、そこを濠で囲んで聖地化すること自体、一つの精霊信仰による共同事業であることは間違いありません。それが日本独自の祭祀形態だとすれば、これも神道の一端であることは明らかなのです。

◉三内丸山遺跡の大建築は何なのか

そのような三内丸山遺跡のなかで、最も注目された建造物があります。それは平成六年（一九九四）七月に《大規模建造物か》として報道された、直径一メートルのクリの巨大木柱の柱根が、整然と二列に並んだ遺跡です（26頁の写真の左側）。

六本の木柱は互いに四・二メートル（〇・三五×一二）のスパン（間隔）で統一して配置されています。つまり、三十五センチを基準とするいわゆる縄文尺が用いられていることが判明したのです。

これは近代西洋でも知られる、腕の肘《ひじ》から手の先までの長さの単位（パルミ）と同じもので、メートル法以前の、身体を基準に寸法を測定した単位が、すでにこの時代に存在していたことがわかったのです。このことは、この時代にすでにこのような単位を使って測定がなされ、建築物がつくられていたことを示しています。

この直径一メートルの六本の巨柱にはクリ材を用い、穴の深さは二メートルに及んでおり、柱根部を焼いて腐食を防いでいます。さらに穴は直径一・五メートルあり、一メートルの柱の周囲を土や砂で固めて動かないようにしています。

この構造は、これが仮設建築ではなく恒久的なもので、すでに多くの巨木を使った同種の建築が行われていたことを推測させます。柱の基部にかかる荷重の計算により、この柱が十六・五メートルの高さとなる、と計算されました（大林組プロジェクトチーム『三内丸山遺跡の復元』学生社、一九九八年）。

また、これはトーテムポールのように、一本の柱を単純に立てたものではありません。柱が六本あることは、建築として安定した構造をもたらすことは明らかで、さらに柱の高さから、これは高層建築であって、通常の住居と異なることを示しています。

考古学者はこの高層建築を、「現在の復元で見られるように、物見櫓《ものみやぐら》でしかない」という説を唱えているのです。「遠くを見るための、実利的な役割の塔である」という現代的な考えで、この大建築を考えているのです。ですから、そこには壁さえなく、吹き抜けの足場しかありません。これはまったくおかしなことです。

この六本柱の建物は、直径一メートルもある大木により、高さを追求した建物であるかぎり、物見櫓ではなく、また大住居跡でもなく、特殊な「聖なる建築」ということができます。『記紀』の神話以来、日本では神を「柱」と数えるのも、この「縄文時代」から発しているものと思われます。

諏訪大社の御柱祭のような樅《もみ》の巨木を伐《き》り出し、境内に神木として立てるにとどまらず、構築物をつくったのです。

◉小さな共同体、小都市だった三内丸山

三内丸山遺跡が示すものは、ここは五千五百年前から、四千年前までの千五百年間ほどに形成された住民たちの一つの集合体だということです。小都市といっていいかもしれません。なぜなら大きく分けて、三つの領域があるからです。

第一に、住居空間。ここには住居が密集し（なかには四百棟もあるところも）、五百人ほどの人々が随時、居住していたと考えられます。

第二に、すでに述べたように、広大な墓地があります。住居域と隣接して墓域があるということは、生者と死者とのあいだに密接なつながりがあり、その共同性を感じることができます。祖霊とのつながりがあるということは、「神道」の基本的な概念があるということです。「神道」は「御霊信仰」が基本だからです。

そして第三の領域として、盛土に囲まれた公共空間と思われる地域があります。そこには統治、宗教、商業などの施設があったと考えられ、そのなかの一つが「巨大六柱建造物」なのです。

この三領域が截然《せつぜん》としていることは、すでに共同体としての村落の機能を備えていたということになります。有史以来の都市の形成を見ても、まずは人々の住居地域、そして中央に広場

や統治者の建物があり、そこに教会や公共の建物、市場ができてくるのです。こうした三つの機能をもっていたことを、三内丸山遺跡は示しています。それは都市国家の基本を備えていたことになります。

◉神社の原型!?　聖なる建築

先に「聖なる建築」という言葉を使いましたが、「宗教的」建築ということができます。それは明らかに「神社」の原型でしょう。巨大な樹木でつくられた建造物は、のちの出雲大社本殿を思わせるものです。

出雲大社の太い柱は、そこに高さ十六丈（約四十八メートル）の大社殿をつくりましたが、三内丸山遺跡の巨木でつくられた建造物も、おそらくはそれと似たものだったでしょう。出雲でも住居と墓地は併存していました。広大な墓地があるにもかかわらず、そこに集合場所がないとは考えられません。

人々の「御霊信仰」という、「宗教的」共同体にふさわしい空間を必要としたため、住民が共同して祖霊と交わる場所をつくったはずです。

このことは盛土のなかの内容物を見てもわかります。盛土のなかからは大量の土器や石器、さらに土偶や翡翠《ひすい》、琥珀《こはく》、多種の小型土器が掘り出されているのです。その下層から上層の順に、土器の編年表をたどると、千年以上にわたることがわかりました。これらは明らかに死者が遺していった品々であり、またその形見なのです。

◉縄の霊力を込めた土器

三内丸山遺跡の土器もそうですが、やはり「縄文」という言葉どおり、縄目の文様がありますこの縄文にはどんな意味があるのでしょう。また、縄文と「神道」にはどのような関係があるのでしょうか。

よく知られているように、縄文という言葉は、まさに土器につけられた縄目の模様からきています。縄を回転させて縄目を押印したもので、明治十年（一八七七）に大森貝塚から発掘された土器にアメリカ人動物・地質学者のモースが名づけた“cord marked pottery”の訳です(最初は矢田部良吉によって「索縄の印型」「席紋」などと訳された)。

縄文人にとって縄は、最高の文明の利器だったはずです。その形を彫り込むことによって、縄の呪力や霊力を見たということになります。土器は縄の魂を得ることによって壊れにくくなり、土器を守ることができると思われたのです。

これは植物繊維が、縄になることによって霊力を得るという、まさに自然信仰、御霊信仰が表現されたものということができるでしょう。

三内丸山の土器の例ではありませんが、縄を考えるうえで、きわめて貴重な例があります。それは海老名市の杉久保遺跡出土の縄文中期（三千年前）のものです。そこには明らかに、太い縄自体が結ばれており、あたかも注連縄《しめなわ》が土器をしばっているように、つくられています。

この「結び」を示していることは、ほかの土器が抽象的に波の文様を、その地に示しているのと違い、縄そのものを具体的に示しています。そこで、「神道」における注連縄との関連を述べてみましょう。

現在でも、日本人は正月に門前や玄関、神棚などに注連縄を張る習慣があります。神社そのものばかりでなく、境内の大樹や巨岩、洞窟などといった自然の不可思議さを示すものにも、注連縄を張りめぐらします。ここには注連縄が、霊なるもの、異界を感じさせるものに縄を張って、そこに神を見る精神を示しています。

ここでわかるのは、縄そのものに霊なる力を感じ、それが俗なる世界から守ると信じる精神があるということです。この解釈は、縄文土器の縄文の意味を考える場合、実に示唆的です。

土器そのものに縄のもつ威力を発揮させるもので、特に結んだ縄が彫られた杉久保遺跡出土のものは縄が締められており、それによりそこに「しめ＝占め」の世界、すなわち霊なるものが閉じ込められているのです。

祝詞《のりと》において、神魂《かみむすび》、高御魂《たかみむすび》など「魂」という言葉が「むすび」という読み方をされるのも、結ぶことが霊や魂を表していることを示しているのです。

◉遺跡はなぜ山にあるのか

また、三内丸山遺跡が八甲田山系に連なる大きな台地の上にあることは、縄文人の生活との関連を深く感じさせます。前面には陸奥《むつ》湾という内湾（奥行きのある湾）があり、山と海の接点に位置しています。さらに集落の北側には、現在は沖館《おきだて》川と呼ばれる川があり、交通の便がよく、豊富な食料を確保するのに適していることもわかります。

出土品からは、真鯛《まだい》や平目《ひらめ》、鰈《かれい》、鰯《いわし》、鯵《あじ》、河豚《ふぐ》などの骨が見つかっており、今日の食卓の魚と同じです。背後の豊かな森林の一部にはクリが栽培され、このクリの実と稗《ひえ》などが主食として食べられていました。さらに栽培植物が多かったことも、種子の発見で確認されています（岡田康博『縄文文化を掘る――三内丸山遺跡からの展開』日本放送出版協会、二〇〇五年参照）。

クリの木の「巨大六柱建造物」は、「神道」の「神木」の信仰とともに、そこに「御霊」信仰を重ね合わせたものでしょう。それは、「墓地」と住居が共存する領域をつつむ、周囲の「杜《もり》」とともに「神社」村落を形成していたのです。

むろんそれは今日の仏寺形式からきた「神社」領域とは異なる、樹木信仰を中心とした御霊信仰の「神社」領域ですが、それは「神道」の原初の姿を現す空間として想定できます。その

「杜」は「盛り」とか、「茂り」、さらに「守り」という意味からきており、周囲に樹木が壮《さか》んであることで十分なのです。

「神道」は、今日的な「宗教学」では語られません。これはより広い範囲で語られなくてはならず、「宗教」を包括する「宗教心」を想定しなければならないでしょう。少なくとも、日本人がこの縄文時代に独自の「神道」という共同宗教をもっていた、と考えることができます。その意味で、三内丸山は「神道」村落といえるのです。

第二章　『祝詞』の「大倭日高見国」とは何か

◉「日高見国」はどこにあったのか

『日本書紀』の「景行天皇」の条に、

《東夷の中、日高見国あり、その国人……是をすべて蝦夷という》

とあります。また、ヤマトタケルの陸奥における戦いのあとの描写では、

《蝦夷すでに平ぎ、日高見国より還り、西南、常陸を歴て、甲斐国に至る》

と書かれています。そのほか『常陸国風土記』『延喜式』『大祓詞』などにも「日高見国」という言葉が必ず出てきますが、この「日高見国」を改めて検証しておきましょう。

江戸時代の国学者・賀茂真淵《かものまぶち》は『祝詞考』のなかで、『延喜式祝詞』の「六月晦大祓《みなづきのつごもりのおおはらひ》詞《し》」「遷却崇神詞《たたるかみをうつしやることば》」に出てくる「大倭日高見国《おおやまとひだかみのくに》」のことを、「大倭なる日高見国」ないしは「大倭という名の日高見国」と解釈し、大倭が「日高見国」であるという意見を述べていますが、私はそうではないと思います。

「日高見国」は関東・東北のことで、「大和」と「日高見国」を合わせて日本のことになると考えるからです。そうでなければ、「倭国」「大和国」とだけいえばよいのであって、奈良以西の国について、それまで言及されていなかった「日高見国」を付け加える必要はないはずです。

賀茂真淵は「日高見国」を、「ただ日の高く見ゆる国」と一般的に解釈していますが、それ

は「日の上がる東国」のことをさしているのです。『祝詞』では、『日本書紀』の景行天皇の記述のように「日高見国」について説明しているわけではありません。「遷却祟神詞」では、経津主命《ふつぬしのみこと》、建雷命《たけみかづちのみこと》の二柱の神が記されており、これが常陸の鹿島神宮、香取神宮に祀られている関東の神々であることからも、「日高見国」が関東・東北をさしていると考えられるのです。「景行天皇」の条でも、東国経営を「日高見国」経営物語としています。

◉中国の資料でわかる当時の日本

「大倭」の「倭」は、十世紀前半に出された中国の『旧唐書 倭国・日本伝』によると、《日本国は、倭国の別種なり》《其の国、日辺にあるを以て、故に日本を以て名となす。……或はいう、日本は旧小国、倭国の地を併せんたりと》(「旧唐書 倭国・日本伝」『倭国伝』藤堂明保他全訳注、学習研究社、一九八五年、講談社学術文庫、二〇一〇年より引用)と記されています。

ここでは日本が日辺、すなわち太陽が昇る東の辺にあって、そこから日本という国名がついた、あるいは日本が「日高見国」という旧小国であったが、倭国、すなわち大和国が支配する土地を併合した、と書いてあります。

これは関東・東北にあった「日高見国」が倭国を併合した、という意味で、高天原系が出雲系から国を譲らせたという国譲り神話と符合します。同時に実際の歴史のなかで東国が西国を併合したという事実があったことを、中国の日本通の歴史家が記した、ということになるでしょう。

また、十一世紀半ばの『新唐書　日本伝』に、次のような記述があります。

《国、日出ずる所に近し。以て名となす。或はいう、日本は乃ち小国、倭のあわす所となる。故にその号を冒すと》。

このように十、十一世紀の中国の資料では、もともと日本は二つに分かれていたこと、「小国日本」という存在があったこと、そしてそこと倭の地方を合わせて「日本」と呼ぶと述べています。それが、『祝詞』の「大倭日高見国」という言葉に対応するのです。

◉「高天原＝日高見国」時代は縄文・弥生に分けられる

「日高見国」の三字が入っている神がいます。タカミムスビは高御産巣日神と書きますが、同時に高見・産巣・日・神と読むことができるのです。

もちろん漢字の音の問題であるにしても、高御産巣日神が、この弥生時代までの「日高見国」の統治者としてアマテラス同様に見られていたと考えられます。「ムス」は「産巣」と書くように、出産への祈りとともに、土地が豊かで生産的だということを示唆しているでしょう。また、音から「結び」つけるという意味も考えられます。

タカミムスビはまさに「高天原」に成った最初の造化三神の一柱で、アマテラスより古い存在です。アマテラスが弥生時代の神とすれば、このタカミムスビは縄文時代の神といえないこともありません。一時代前の神、と想定できるからです。

むろん八世紀の歴史認識には、古墳時代以前が縄文・弥生時代であったなどという区別などありませんでしたが、少なくとも神武天皇の時代以前に、二つの古代の時代があったのではないか、と考えられます。

というのも、『記紀』において神武天皇以前の「高天原」、すなわち天つ神の時代が、二つの時代に分けられるからです。それが縄文時代と弥生時代に対応すると考えられます。

縄文時代は一万六千年前から始まって三千年ほど前に終わり、次に弥生時代が始まりました。狩猟・採集時代から、農耕中心時代へと変遷していることが知られています。

鹿児島県には一万二千年前の掃除山《そうじやま》遺跡が見出され（岡村道雄『縄文の生活誌』講談社学術文庫、二〇〇八年）、また、同じ鹿児島県の上野原遺跡では九千五百年前から三千年ほど続いた縄文遺跡が発見されました（一九八六年）。

その大きさは、青森の三内丸山遺跡と同様、大規模なものです。さらに、残された骨からインドネシア系の人々と似ていることが推測されています。つまり、南から船でやってきた人々です。

一方では、シベリア大陸の方面から「森の民」がやってきました。縄文人の祖先はこの民族だといわれています。彼らは一万六千年前には大陸におり、間氷期になると南下をはじめました。バイカル湖付近で土器をつくり、「川の民」となってアムール河を下り、海にたどりつくと「海の民」となって北日本にやってきたと推測されています。

冬期には陸続きとなった間宮海峡を渡って北海道にたどり着き、さらに船や筏で津軽海峡を越えて本土にやってきたと考えられています。大陸の森、川、海の体験が日本の生活に生かされたであろうということは、三内丸山遺跡の発見によって示されました。

前章でも述べましたが、三内丸山遺跡は五千五百年前から千五百年ほど続いた遺跡で、縄文人が大きな集落をつくり、クリを中心とした豊富な食料を得て生活していました。巨大な柱六本によって樹木信仰に基づく信仰生活をもち、また墓を集落のなかにつくり、祖先の霊との共生を図っていました。すでに神道の自然信仰と御霊信仰の祖型をもっていた社会だったのです。

三内丸山遺跡の例でもわかるとおり、ここ三十年の遺跡の発掘により、九州から東北まで縄文文化が広がっており、狩猟・採集社会が安定した地域社会を形成していたことが理解されるようになりました。

「縄文時代」が一万年余の長期間続いたことは、ある意味で統一国家があったことを示しています。それは、決して停滞の時代ではなく、安定した自然信仰を中心とした一つの文明社会と考えられます。つまり「日高見国」という太陽信仰の国があったということです。

古代エジプト王朝が五千年ほど、中国の古代が四千年続いたという長さを考えると、土器・土偶が象徴する争いの少ない縄文文化の時代が、いかに長く続いたかということがわかります。

◉イザナミは縄文時代、イザナギは弥生時代の姿

『旧約聖書』のアダムとエヴァは、楽園で二人が性的に結ばれることを拒否されて、楽園から追放されました。性的に結ぶこと自体、人間の原罪の一つであったのです。

ところが日本の神話のイザナギ、イザナミは、最初から性の状態に入ることを肯定されています。ただしそれは子孫を生むことを条件にしています。家族こそ日本の男女の生かされる姿であるからです。

この、女性であるイザナミから男性を「いざなう」という物語は、妻問婚の習慣を表しています。雄略天皇が妻問婚の形で若日下部王《わかくさかべのみこと》を尋ねていますが、そのとき白い犬を贈りものとしてもって行ったことを伝えています。こうした形は異常なものではなく、母系家族制の普通の形であり、古墳時代にもそうした形態が続いていたと理解できます。

イザナミが亡くなり、イザナギが黄泉《よみ》の国に呼び戻しに行った際、「地上に行くまで自分の姿を見てはならない」という約束を破ったために、恐ろしい姿に変わったイザナミに追われま

す。その後イザナギが一人で多くの子孫を生み出します。

これを深読みすれば、女性中心ではなく、男性中心の関係、特に兄という年上の存在が、年下の女性を主導しなければならない、という男女関係の変化を示しています。つまり母系社会から父系社会へ、年功序列の社会への転換です。

それ以後、次々と正常に生まれた子孫により国づくりが行われ、その左目から天照大御神《あまてらすおおみかみ》、右目から月読命《つくよみのみこと》、鼻から須佐之男命《すさのおのみこと》が生まれます。

つまり、形態としてはあとに母系制が残るにしても、男性中心の世界がはじまったのです。目から生まれる、ということには意味があります。文化人類学的にいえば、見つめ合う目から愛がはじまる、という恋愛の関係を示しているように思われます。また、考古学的にいえば、縄文時代から弥生時代への変遷があったと推測できます。稲作を中心とした農耕社会になると、単独に家族だけでは生きていけなくなり、共同社会が必須となったのです。

また、狩猟・採集時代も続き、それが農耕を補う形の生活が営まれることになります。たとえば、弥生時代の銅鐸に表される人間社会の姿は、農耕と狩猟が両方示されており、その複合性を示しています。

こう考えると、弥生時代までが、「高天原」の天つ神の時代であり、地上での「日高見国」の時代であった、ということができるでしょう。

第三章　「日高見国」から「大和国」へ

◉神話と歴史の対応関係

『記紀』や『風土記』『祝詞』などの記述における「日高見国」の記述と、縄文時代の日本の人口の九十パーセント以上が、関東、東北に住んでいた、という事実から、私はそこに「日高見国」の存在がある、ということを明らかにしようとしてきました。

次頁の表は、縄文時代各期の地方別遺跡数を示したものです。このサンプルを見ても、遺跡数は関東が圧倒的に多く、その後が東海、東北が多いことがわかります。この遺跡数が人口に比例することは明らかなのです。

私はこの「日高見国」の記憶が、祖先たちを神々と考える日本人に、『記紀』に「高天原」の存在を表し、神話を成立させた、と考察しました。そこに「天の原」（『万葉集』）である富士山が見え、鹿島神宮の近くに高天原の地名が三つも残されている、というのも一つの証拠としてあげたのです。

この遺跡分布の濃度が高いところが、おそらく中心地であったと考えられます。すると、現在の東京、千葉、茨城、埼玉南部、特に千葉の加曽利貝塚があったあたりが多かったことがわかります。つまり現在、日本の首都である東京は、まさに縄文時代の日高見国の中心に近いところであるのです。江戸に首都を定めた徳川家康は、ある程度それを意識していたと考えられ

	サンプル遺跡数	草創期	早期	前期	中期	後期	晩期	時期不明
東北	414	4	48	103	103	152	100	119
関東	682	8	186	188	277	180	41	241
東海	171	1	24	18	47	7	6	108
中部山国	80	5	10	20	32	17	9	31
北陸	53	3	5	6	16	11	7	26
近畿	84	1	5	5	8	14	16	43
中国	65	1	10	3	3	8	6	44
四国	12	0	2	0	2	3	0	7
九州	186	3	30	12	19	37	31	93
全国	1743	26	320	355	507	429	216	712

縄文時代各期の地方別遺跡数（サンプル）／枝村俊郎・熊谷樹一郎（2009）縄文遺跡の立地性向、地理情報システム学会より

ます（拙著『東京の歴史』ビジネス社）。

むろん、土器制作がさかんであったのは、この地域でした。つまり日高見国といわれる地方が、特に見事な縄文土器の文化を担っていたのです。

次頁の縄文遺跡の分布を見てもわかるように、関東地方から青森にかけての東北地方にかけて圧倒的に多いことがわかります。そしてこの地域が、これまで私が述べてきた日高見国の地域であると考えられます。この縄文遺跡が多いところに、まさに縄文土器、土偶がつくられることになるのです。

縄文土器研究で最も重要なのは、関東、甲信越地方であることは、縄文研究者の常識となっています。それは土器研究が関東から始まっていることでも理解できます。戦前の考古学の成果が、「土器編年表」（一九三七年）で示されて

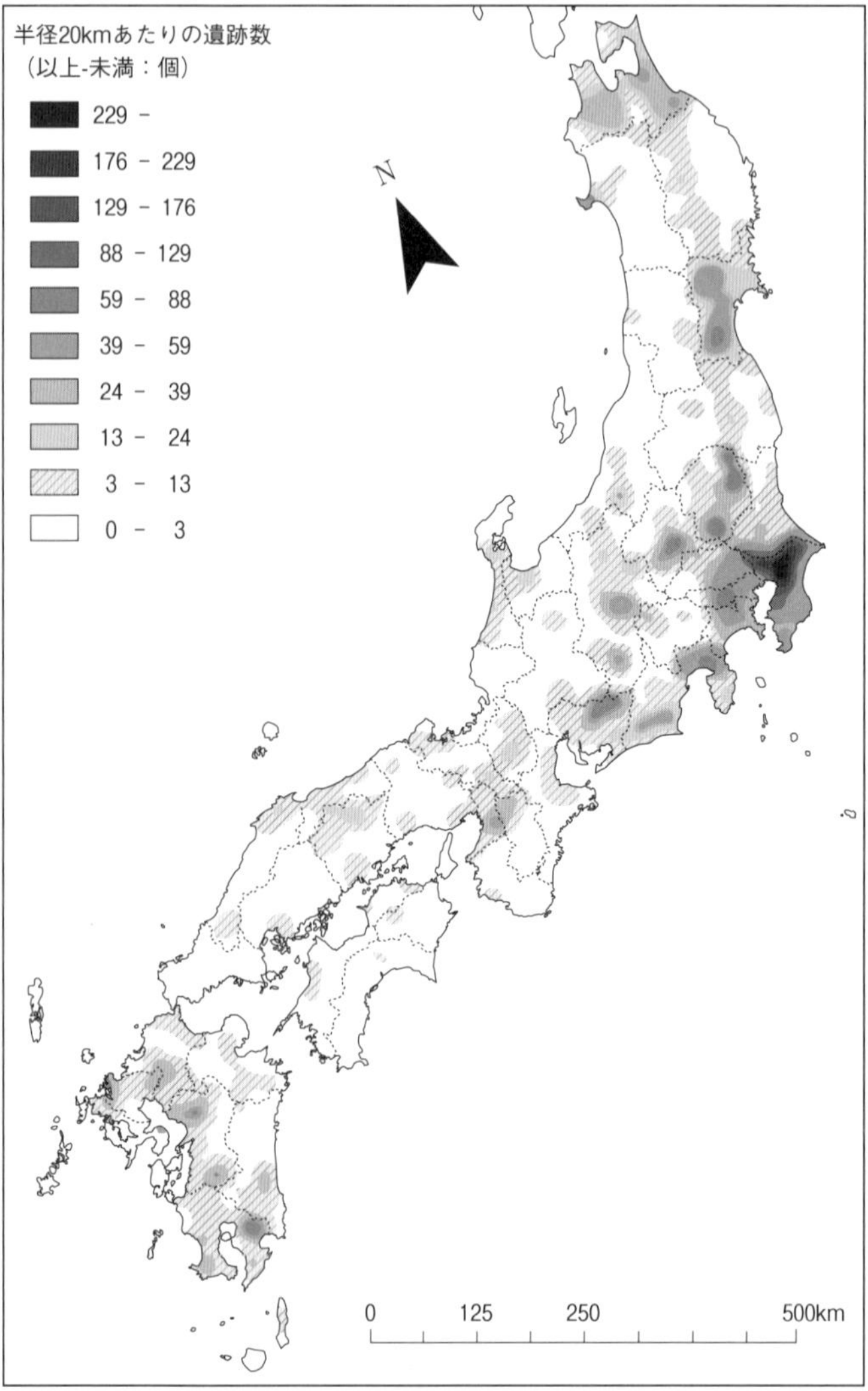

縄文遺跡分布のカーネル密度による面的表現／枝村俊郎・熊谷樹一郎（2009）縄文遺跡の立地性向、地理情報システム学会より作図

いますが、早期から晩期まで、あらゆる時期の土器がつくられているのが関東だけであることは、そこに文化が集中していたということが理解できます。それだけ一貫した文化を維持する共同体があった、と想定できるでしょう。

日本で最も古い土器である撚糸文《よりいともん》土器は南関東に多く、東京湾を縁取るように分布しています。つまり太平洋に面している海岸地帯に、この最初の縄文土器が存在しているのです。

それは、大陸づたいにやって来た人々ではなく、フィリピン、ミクロネシア、小笠原、そして伊豆諸島などをへて南からやって来た人々が、ここに住み着いたことになります。ただ伊豆諸島に南方文化の痕跡があまりなく、この縄文文化が日本に来て初めて成り立った、ということが推察されるのです。

伊豆諸島の発掘調査が行われた際、関東およびその周辺が、日本列島においては、大陸との関連が最も薄い文化であることがわかったのです。日本考古学史上、先行して行われた関東地方の縄文土器は、大陸文化の影響が最も伝わりにくかった、ということなのでしょう。

つまり関東の縄文土器を中心とする文化は、大陸とあまり関係がなく、しかも南方の島々から伝わったものでもないということになると、それをどう考えたらよいのでしょう。おそらく、直接、関東地方、日高見国、つまり太陽が昇るのを見る国にやってきた人々がいた、ということです。

歴史家たちは、日本の縄文・弥生時代には国家などなかったと考えがちです。特に文字記録が乏しいこの時代に関しては、それを文字で証拠立てることが難しいため、想定することも不可能だと考えられてきたのです。

しかし、『記紀』神話の観点からいえば、前章のように縄文・弥生・古墳の各時代の、日本人の歴史の記憶の上に立った日本神話の神々が、最初から「高天原」にあったと書かれ、その神話空間が、そのまま縄文・弥生・古墳の時代に重なり合ってくると想定できます。

ここに、一つの神話空間と歴史空間を対応させて考えることが必要です。そうすることによって、神話空間の「高天原」が地上の「日高見国」の空間と対応し、「国」らしきものが浮かび上がってくるのです。

『古事記』によれば、天地開闢《かいびゃく》の際、最初にアメノミナカヌシが現れ、その次にカミムスビ（神結び）とともに出現したのがタカミムスビ（高御産巣日神）です。

日本の「国家神」はアマテラスオオミカミ（天照大御神）ということができますが、『古事記』には「天孫降臨」の主神に、タカミムスビの名が八か所のうち七か所も出てきます。

改めていえば、縄文・弥生時代は、太陽信仰（アマテル信仰）の時代でしたから、タカミムスビが太陽の祭祀王として象徴的に存在していました。太陽を高く仰ぎ見る国「日高見国」の祭祀役が『記紀』に登場した、と考えることができるでしょう。

この、もとの太陽信仰を皇祖霊信仰に統一して展開させたのが、アマテラス信仰ということになります。私はこの展開のなかに、『記紀』神話のアマテラスとそれ以前の時代が区分けされることになり、それが縄文時代から弥生時代への展開にかかわっている、と考えています。

◉縄文・弥生の時代の日高見国

アマテラスの前から存在し、天孫降臨までずっとアマテラスを導いている神がタカミムスビで、高天原の主導神としてふるまっています。のちに伊勢神宮の主神となるアマテラスですが、その前にタカミムスビが存在していたのです。

この存在こそが、古墳時代に神武天皇によって統一される日本国家の成立以前の縄文・弥生の時代の日高見国の統治者タカミムスビであり、アマテラスを神として祀り、守ったといえるでしょう。あくまでタカミムスビの補佐のもとで、アマテラスの統治が行われたと考えられます。

『古事記』によると、高天原に、アメノミナカヌシ、タカミムスビ、カミムスビの三柱の神があらわれるときに、

《葦牙のごと萌えあがる物に因りて成りし神》

とあり、高天原における「葦牙」の存在を伝えています。「葦牙」とは葦の芽のことで、「ウマシアシカビヒコチノカミ」のアシカビ（葦の芽）がそのことを示しています。

もう一柱の神は、「トコタチノカミ」で、この二神がつくった島々は、《豊葦原の千秋の長五百秋《ながいおあき》の水穂の国》といわれています。長五百秋はかぎりもない長い年月のことです。いずれの歌の「葦」も稲田を意味するものですが、『日本書紀』では日本の国のことを「豊葦原の国」と呼んでいます。

このことから、すでに早くから縄文時代にも弥生時代の特性があったことがうかがえます。少なくとも『記紀』の語り部たちは、大陸から伝わった稲作を伝えた人々によって日本が形成されたわけではなく、縄文時代の日本人によって形成されたことを伝えています。

◉考古学的発見から神話を見直す

こうした神話と歴史の関係を語るうえで、近年の数多くの考古学的発見をどのように解釈するかによって、この時代の日本の歴史が変わってきます。

日本文明は、旧石器時代からはじまっており、すでに日本列島の旧石器時代の遺跡数は一万か所に及んでいます。

すでに触れたように、このような新たな縄文遺跡の発見とその調査により、縄文時代の文化の様相がわかってきました。縄文時代は平和であり、自然信仰と御霊信仰などの表現として遺跡がつくられたことが、すでに知られています。各地の環状遺跡の様相から、天や大地を組織的な観察をしていたことが想定されます。

祭祀者たちは、太陽崇拝（アマテル信仰）を中心としていましたから、太陽の昇る日の本の地域、つまり日本の最東端の地域、関東・東北各地で祭祀を行っていたと考えられます。

その祭祀場は、鹿島神宮、香取神宮の存在する常陸《ひたち》、下総《しもうさ》地方にあったと思われます。海から昇る太陽が一番早く見えると考えられていたこの地方こそが、まさに「日の本」であったからです。

さらにいえば、東国にある日本で一番高い山・富士山への信仰は、そこが「高天原」として最初に太陽が拝めるところだ、という事実によって高まったことでしょう。単純といえば単純な太陽信仰の表れですが、しかし世界のすべての文化形成が、太陽信仰なしには語れません。

その意味では、大陸西端の国フランスで"le soleil levant"（日の出）と呼ぶのは日本のことであることは、興味深いものがあります。

つまり、世界の人々が認識していることは、地理学の知識が発達した近代のことだけではないのです。西洋の大教会堂がすべて東を向いているのも、「光は東方より」の言葉どおりのことなのです。

エジプト文明もまた、太陽信仰を中心とした祭祀国家でした。八千年前からナイル川流域に居住が始まりましたが、森林の少ない土地柄で、狩猟採集よりも、農耕による生活が行われ、五千年前にファラオによる統一国家ができました。

ファラオとは最高の神官であり、太陽神ラーの子であるとされます。また、天の神ホルスの化身とされ、神の国との橋渡し役となります。ちょうど神武天皇と同じ役割をもっているといえるわけです。

縄文文明には、エジプトのような文字記録、建築物はありませんが、だいたい同じ時期に、日本全体が一つの縄文文明地域として存在し、三内丸山のような組織された集落が、東日本や九州南部を中心に全国に広がっていたと考えられます。

エジプト文明はナイル川周辺の国、日本は海に取り囲まれた島国として、同時代に東西で存在していたということができるのです。

のちに書かれた『記紀』で、イザナギ、イザナミが国生みをしたと書かれたとき、こうした縄文時代の日本が想定されていたでしょうし、イザナミが死に、イザナギが単独となった縄文時代には、新たに弥生時代が生まれていくと想定されていたでしょう。

この日本の縄文時代の状況から、単なる物質的な交換ネットワークだけでなく、集落と集落、地方と地方を結ぶ航海術をもち、先祖を崇拝し儀礼に篤い、一つの祭祀国家が想定されるのです。それが「日高見国」の存在です。

まさに西のエジプトの国と対応する、東の祭祀国家・日本として浮かび上がるのです。

◉縄文は原始的時代ではなく文化的時代だった

ここ二、三十年の考古学は、さまざまな「科学的測定法」の発達によって、縄文時代と弥生時代の年代設定、大陸との関係など、戦後を支配してきたこれまでの歴史的先入観を、虚構として覆す発見が多くなりました。

私たち、事実に基づく歴史観を志す者は、こうした「科学的測定法」も、最初からそうした先入観をもった「測定」を除いて、十分にその結果を斟酌《しんしゃく》する必要があるでしょう。それらの発見と考察を検討すると、おのずから日本文化の独自性が明らかになり、新たな歴史の再建がなされなければなりません。

つい百三十年前までは、東京帝大のお雇い外国人教師エドワード・モースが次のようにいっていました。

《本土には本土人ともアイヌ人とも違う人々・縄文人が住んでおり、彼らは今の日本人の祖先とはいえない。『記紀』の「国生み」「天孫降臨」「神武東征」などが、天皇の祖先が渡来し、先住民を征服したことを物語っている》

なぜ縄文人を、日本人とは違うという見方をしたかわかりませんが、渡来人によって日本は征服されたという説をまことしやかにとっていたのです。また、縄文の時代は原始的時代で、文化などなかったという先入観をつくりあげました。

昭和六十二年（一九八七）までは、司馬遼太郎がケンブリッジ大学の日本学研究会で、《まさしく日本列島は、太古以来、文明という光源から見れば、紀元前三〇〇年ぐらいに稲を持ったボートピープルがやって来るまで、闇の中にいました》と述べているのです。

イギリスの日本学者のなかに誰も抗弁する者はいませんでした。しかし現代に至っては、それが明らかな間違いであることがわかってきました。まず、縄文時代がはるか遡って、一万六千年前頃からはじまることが明らかになり、この年代設定における日本の歴史の遅れの先入観を完全に変えました。

◉縄文・弥生時代と日本の神話

さて、このような縄文・弥生時代の日本の状況を、もう一度日本の神話と結びつけて考えてみましょう。

私は、縄文・弥生時代が「高天原」の世界の背景になった、と考えています。天武天皇、持統天皇の時代に『記紀』の神話世界が、旧石器時代から日本列島に住みついた人々の記憶「古伝」となって、稗田阿礼《ひえだのあれ》、太安万侶《おおのやすまろ》によって蘇り、また『日本書紀』は、川島皇子《かわしまのみこ》以下十二人によって「諸伝」が参照され、舎人《とねり》親王によって成立したということです。

そこに、それまでの列島の人々の記憶が累積されることになったはずです。記憶は、事実が理想化され、パターン化され、文字どおり「神話化」され、それが地上的には「日高見国」時代の記憶となっていったと考えられます。

ただ、決してその神話は、列島で起こったことを「神話化」しただけではありません。遠いアフリカから発し、日本にたどりついた人々の記憶もまた「神話化」されています。高天原の神話には、遠くギリシャ神話の神々やアジアの神話と共通する世界があるからです。

こうして、考古学と神話、『記紀』に書かれたこと、そして神社の存在など、多くの事柄が、歴史と結びついていることがわかってきたのです。

神話の「天孫降臨」などという、ある意味では荒唐無稽《こうとうむけい》な記述も、それが現実の歴史にあったことの記憶の聖化であり、神話化であって、やはり根底に、神話と歴史の語り部たちの、共通した民族の歴史への思いがあったと考えられます。

本章では、考古学的な発果を取り入れながら、縄文・弥生時代を、日高見国時代とその時代形成を考察してみました。今後の考古学的発見がこれと矛盾するものであれば、新たに解釈しながら、さらにこの縄文・弥生歴史論を深めていきたいと思います。

第四章　神道としての縄文土偶・土器

◉縄文土偶と土器の芸術性

土偶に関して、私は中南米の土偶が、近親相姦による異形の子供を表していることを引いて、日本の縄文土偶も同じ、当時の人々の近親相姦による異形人の姿であると指摘してきました。その時代、近親相姦はタブーではなかったからです。

無論、それは高天原＝日高見国時代だけでした。現代でも東北地方にある「こけし」が、手のない子供の姿であるのと似て、病気の子供を小さな偶像にして、祈りの対象にしていたのです（拙論「縄文土偶は異形人像である」『高天原は関東にあった』勉誠出版、所収）。

ただ、中南米の土偶のようにリアルな異形人像ではないのは、最初に具体的な両目の爛《ただ》れから、あの遮光土器のメガネのような図案化、形象化が行われ、原形がわからなくなるようなことが行われているからだと思われます。「縄文のビーナス」や、「ハート型ビーナス」がその例です。

それはもともとの形が、自立して様式発展し、原型が何であったかわからなくなっていく形象の自立化、抽象化に通じるので、美術史でいえば「マニエリスム化」といってよいでしょう。

ともあれ、その祈りの対象にしたことは、そこに御霊信仰という神道の原初的な信仰によっています。母性社会であったために女性像が多いのですが、死んだ病弱な女性への厚い思いをそこに託したのです。

岩手県盛岡市萪内《しだない》遺跡から、縄文晩期の大型土偶頭部（二十五センチ）が発掘されましたが（63頁参照）、身体部があれば一メートル以上もある大型の像であることがわかりました。この頭部は、耳や鼻などより写実的なものですが、隆起した眉と細く眠った目など、明らかに病気の異形人の顔をしています。そして、その目鼻の周囲には土器と同じような縄文の模様が彫られ、縦位の無文帯と、綾杉状の沈線文が交互に刻まれています。

同じ土面ですが、秋田県麻生遺跡から出ているものには、青森県の亀ヶ岡遺跡から出る遮光器土偶と同じような眼の表現があります。楕円形に横線が入る眼と、鼻と口はより形式化していいます。しかしその丸い顔の中に三叉文や雲形文などがあり、それはしばしば縄文土器で使われるものです。

顔に注目しましたが、土偶の身体表現も、裸体ではなく、着物がすべていろいろな縄文模様で彫られています。波状や円状の形はないものの、その模様は、ほとんど土器同様な文様です。

北海道著保内野《ちょぼないの》遺跡の中空土偶は、両腕が欠損し、顔は例によって細く眠った目をしています（63頁参照）。胴部は、腹部以外は刻目をもつ隆線による円形・三角形・菱形文、区画内への羽状縄文により刻まれているのです。腹部には、細い隆線による正中線に加えて下腹部に円形状突文が無数に施されています。脚部は六、七の紐状の隆線が縛っているように彫られているのです。これは着物文様というよりは、この異形の人物を、土器と同じように縄文装飾模様で飾っているようです。

有名な亀ヶ岡遺跡の遮光器土偶と呼ばれる身体部の模様も同じです（63頁参照）。これまでこの土偶は渦模様の着物を着ていたと考えられてきました。しかしこれは土器同様、身体を飾る装飾模様となっています。その頭頂の冠状の装飾は、この病気の異形人像の帽子ではなく、この土偶化された形象を飾る装飾物といってよいのです。つまり、土器の装飾と同じ性格のものと考えることができるのです。

服装のほうも同様と考えられます。胴部では上下に三角状の区画や蕨手《わらびて》状文がつくられ、その間に雲形文などの磨消《すりけし》縄文で装飾されています。これは服装ではなく、縄文土器と同じ、この異形人形を包む縄文の模様であり、それは聖なるものを包む、日本人の神社で見られるのと同じ、注連縄《しめなわ》と同じ意味となると考えてよいことになります。

これを同時代につくられた土器の模様と比較すると、たとえば亀ヶ岡系土器である同じ赤彩の炉型土器の模様は、土偶と同じようなモチーフを示しています。特に頭頂の冠状の突起は同型であり、土器と土偶に蔦状装飾があることがわかります。この炉型土器の前面に二重になった小さな穴がつけられた紐状飾りがあり、その紐状がやや帯状になり、そこにやはり小さな穴がつけられているのが、遮光器土偶の全体につけられている帯状文となっているのです。

こうした小さな穴がつけられた縄状の文の土偶は、先ほどの北海道の著保内野遺跡の土偶もそうですし、岩手県の萪内遺跡の国宝にもなった合掌土偶も同型の帯状模様があります。頭頂

右上：萪内遺跡出土 大型土偶頭部、右下：手代森遺跡出土 遮光器土偶（共に岩手県文化振興事業団埋蔵文化財センター提供）、左上：青森県つがる市木造亀ヶ岡出土 遮光器土偶、左下：北海道函館市著保内野遺跡出土 国宝 中空土偶（函館市所蔵）

部に半円状突起があり、羽状縄文が充塡《じゅうてん》され、赤彩も残されています。

日本では、今日でも、ご神木は縄で結ばれています。また神社では注連縄が飾られています。神域と現生を隔てる結界の役割をもっているのです。御神体を縄で結ぶということは、人間の力が及ばない「神（八百万《やおよろず》の神）を縄で包む」という習慣が昔からあったことをうかがわせます。神話と結びつけても、『日本書紀』には、「取結縄葛者」（弘計天皇の条）とあり、葛の縄で取り結ぶことの重要性を述べています。

こうした後代の神社における縄と同じ役割を、縄文土器の縄文の役割を負っていると考えられます。縄文人にとっては、縄は撚糸文、押し型文、貝殻文、竹管文、そして火焔土器に見られる粘土紐をくねくねとさまざまな曲線模様に形づくっていく表現方法は、まさに不可思議な形をして、見る人を魅了します。

ここで改めて私が問題にする芸術的な装飾土器は、実をいえば、遺跡出土の土器全体の占める割合の、五パーセント以下であり、それ以外は、煮炊きに使われていた土器が多かったのです。縄文時代草創期の土器は胴長で、深鉢と呼ばれるものですが、深土鍋となっており、外側がすすで黒くなって、内部はこげがついていたりします。

しかし原則としては、土器のなかにある水を、あくまで自然の賜物として仰ぐ精神の表れ、ということができるでしょう。それはちょうど、土偶が人々の女性の異形を、崇め神として感じ、同じように紐状、縄状、撚糸文、押し型文などさまざまな装飾でかざった精神と同じ、神のような領域にいるものを包み、結ぼうとする精神の表れだろうと思います。

◉日高見国・関東における縄文土器の変遷

縄文土器の最初の撚糸文系土器は、関東地方でつくられた土器ですが、口まわりが平らなものが多く、底が丸いか尖り、東北の貝殻沈線文《かいがらちんせんもん》系土器などと同様、水を入れ、煮沸するのに適しています。

表面には撚糸文だけでなく、縄文も見られるのです。こうした糸、紐、縄を最初期に使っていることで、この糸、紐、縄自身に意味があり、それが内部に入っているものを、聖化し、その永遠性を信じたのです。つまりこの縦に長い土器は調理には向かないし、持ち運びも難しい。むろん地面を掘り、立てて使うにせよ、それは水が最初に考えられるのです。

というのも、縄文土器は口が大きく開いており、その口唇部や口縁部に装飾意欲が生まれているからです。これが土器を芸術化する一歩を踏み出したことになります。

この縄文時代早期の撚糸文土器は、単純な深鉢一辺倒でしたが、八千年前頃から条痕文系土器といわれている土器形式が始まると、胎土に植物繊維を混ぜ、段や突起物がついたり、屈曲したり、変化が表れ、さらに底の形が突底から平底へと変化します。

文様も条痕文を下地にして、胴上半部に特に施されることになるのです。その次に羽状縄文系土器群が移行する途中で、こうした傾向は、行きつ戻りつするものの、変化していきます。

しかし羽状縄文土器系になると、鳥の羽根に似た形がつけられはじめ、ある意味、土器の造形化が始まります。造形化というのは、ここでは実用性を超え、美的な創造が意図されているようになるのです。この前期から関東の土器の美的特徴が明らかになり、この地方が、造形上の進化を推し進めるようになります。深鉢の底が平底となり安定するとともに、文様も羽状縄文となって、土器全体につけられます。そして次に竹管文という文様に変化していくのです。

さらに中期には、阿玉台式と呼ばれる、きらきらと光を反射する雲母《うんも》が胎土に混ぜられ、口縁部も変化に富んだ土器が現れます。これが南関東の海浜部の土器で、一方、平野を取り囲む山岳部では、勝坂《かつさか》式土器と呼ばれる隆起性の富んだ土器群が制作されています。厚手のつくりで、口縁部も装飾性が一層強くなり、バラエティに富んだ表現になっていくのです。

すでに述べたように、縄文という紐で土器を包み、その内部の水を聖化するというモチベーションからはじまって、その装飾化が次第に抽象化の度合いが進んでいきます。縄紐で包む、という聖なる行為は、装飾化の度合いをさらに進めているのです。

のちに関東の周辺の甲信越地方の土器装飾で明確になっていく、水のモチーフはまだそこまで進んでいませんが、すでに関東では、勝坂式土器の様式によって、その造形的独創性が進んでいくのです。

加曽利E式と呼ばれる土器は、関東の河川が緩やかに流れる扇状地形のなかから生まれています。このような土器の生成においても、関東の河川地域に、人々が生活し、そのなかから、土器を一つの信仰の中心にしていたと想定できます。まさにこの土器が出てくるところが日本で一番、縄文遺跡が多く、むろん人口が多かったところなのです。

最初のものは、円筒形で口縁が胴に対して拡大したものが多く、底辺面積が小さく中期の豪華な隆帯文様をうかがわせないのですが、変化を遂げていく過程で、さまざまな試みが見られます。下半部が円筒形であることは変わりありませんが、次第に隆帯文が消えていきます。この「隆帯文の消失」のあと、洗練された加曽利B式土器が生まれていくのです。

いずれにせよ、関東において、縄文早期から縄文晩期まで一貫して土器がつくられ、先端的な創造性をもって文化を創っていたことがわかります。しかし縄文時代、つまり日高見国の時代に、中心的存在であったことがわかりますが、土器において、より芸術的で、かつその創造のモチベーションがわかる文化は甲信越地方から生まれた、といっていいでしょう。

◉神道芸術としての縄文土器

これまでの研究は、その形態の分類と、その分布について、物理的に行われていました。し

火焔型（深鉢形）土器　国宝　新潟県
笹山遺跡出土（十日町市博物館蔵）

水煙渦巻文深鉢　長野県曽利遺跡出土
（井戸尻考古館蔵）

かしより根本的な問題として、縄文土偶、土器は果たして何を意味しているのか、という根本的な問題が残されていたのです。

たしかに、考古学者だけでなく、今やさまざまな角度から、土器・土偶が論じられるようになっています。縄文中期を中心として、考古学だけでなく、美術史の分野としてこの土器、土偶が検討されねばならなくなったのです。

最初は画家の岡本太郎氏がその先駆者でした。彼は「ここに三次元の彫刻を超えた精神的なものが表現されている」と語りました。「四次元との対話」が生まれた、と述べたのです。しかし肝心なのは、その「四次元」の世界とはいったいどういう意味なのかということでしょう。その素材と一体となっている形象が何を表しているのか、岡本氏はその内容を語っていません。粘土のさまざまな紐状の表現をどう理解すべきなのか。美術史は、実用性以上にそこに「美」が宿っていると感じるとき、そこに意味も生じるのです。岡本氏は、その「美的」存在を語っただけでした。

むろん考古学界でも、その発見物をいかに解釈するか、取り組んでいます。山内清男氏、小林行雄氏、小林達雄氏などの先学者も「縄文土器を読む」作業を行ってきました。美学・美術史的な方法論を取り入れ、様式や形式を弁別し、小林達雄氏は、さらに気風、流儀、雰囲気などという言葉で、形態の特徴をとらえようとされたのです。

第五章　神道の基本となる皇祖霊信仰

◉前円後方墳は祖霊信仰からはじまる皇祖霊信仰

神武天皇が統一したあとの大和地方で古墳がつくられたことは、箸墓《はしはか》古墳で明らかになっています。神武天皇の大和統一を期して、それぞれの地方で割拠していた氏族たちが共通の祖霊信仰で結ばれ、日本で古墳文明と呼ばれる時代が始まったのです。

大和（奈良県）や河内（大阪府）にひときわ巨大な古墳がつくられたあと、日本全国で古墳がつくられるようになり、現在の鹿児島県から岩手県まで日本じゅう、十万基以上もできました。前円後方墳だけでなく、円墳や方墳、上円下方墳などいろいろな形をした古墳がつくられました。

人々はこうした祖先の墓を建造することにより、天皇家につながる氏族のものを中心に、地域の豪族たちが連合して、大和朝廷と呼ばれる政権を支持していったと思われます。神武天皇による大和征服のあと、この地に歴代の天皇がおられたことを証拠だてています。

定型化された前円後方墳では、円の部分がまるで山のように盛り上がり、方形の部分は底に至る里のようにつくられています。円の部分が高く盛り上がり、円に向かっている山は「高天原」を想起させ、方形の部分は大地を表し「葦原《あしはら》の中《なか》つ国《くに》」と呼ばれるこの世を思わせます。

このように、死者の御霊を大事にするのは、「神武天皇が死ぬと神になる」と人々が信じたからで、そこにこの天皇を神武と名づけた理由があるように思われます。これが皇祖霊信仰のもととなり、一般の御霊信仰とともに、神道の基本になるものなのです。

このような天皇の御霊を讃える巨大な墳墓は、三世紀中頃から七世紀頃までつくられましたが、前円後方墳の形は全国で一致しており、すでに日本人の統一した信仰形態があったことが理解できます。

これは、氏族という共同体の人々の、その長に対する祖霊信仰から始まる皇祖霊信仰と予想できるでしょう。この前円後方墳は中国にも朝鮮半島にもない、まったく日本独自の建造物です。

◉古墳は「山」を模したもの

今では多くの古墳が埋もれてしまい、航空写真で見ると、こんもり緑に覆われた鍵穴型の島のようにしか見えませんが、当時のように側面から見られたなら、その前円部が小山のような高い起伏のあるものであるとわかるでしょう。

つくられた当時は四段（西殿塚《にしとのづか》古墳）とか、五段（箸墓古墳）と高くなった表面に石が敷き詰められ、階段状の山のようになっていたようです。

その周りや頂上には、死者にまつわる人物・家屋・馬などをかたどった埴輪や円筒形の埴輪が並べられ、みごとな造形性のある墓を形成していました。

埴輪には、あどけない子供や成人、そして家などがつくられ、素朴ですがより具体的な形で、この時代のさまざまな様相を伝えています。円い部分にある石室のなかには死者の棺だけでなく、「三種の神器」となる鏡、剣、玉といった、九州から伝えられたもの、それに馬具・農具などが納められていました。次章でユダヤ人埴輪について述べますが、彼らの人物埴輪の姿は、すでに日本人に同化した人々の姿としてつくられています。

墓から出てくる鏡のなかには、三角縁神獣鏡と呼ばれるものがあります。当初、中国から送られてきた銅鏡だと思われていましたが、中国には同じものはほとんど何も発見されていないことから、日本でつくられたものとされています。三角の縁が何を意味するか、あまり問う人はいませんが、これは横から見ると、山を象徴していると考えられます。山というものを崇める思想が根底にある、と推定されます。

表面に刻まれた像のなかには羽をつけた天使のような姿もあり、これは山の人＝仙人を表すものでしょう。ここにも墳墓の形（山）と関連する信仰があるといえます。

日本最大の十六代の仁徳天皇陵（大仙古墳）の底辺部は、エジプトでも最大のクフ王のピラミッドや、秦《しん》の始皇帝の墳墓の底辺部より大きいのです。全長五百二十メートルもあり、二重に濠がめぐらされ、一日二千人の人が働いて十六年もかかる仕事といわれ、人々が協力して古墳をつくったことがわかります。

こうした巨大な建造物をつくる技術が、まだ文字がなかった時代にあったことは驚嘆すべきことでしょう。祖霊信仰だけでなく、技術もまた口承で伝えられていたのです。

◉前円後方墳は横から拝するもの

前円後方墳には、さらに特徴があります。それは、見下ろす場所ではなく、見上げるか、横から見る視野の広いところにつくられている点です。

前円後方墳は、人里離れたところや山奥に、目立たないようにひっそりとつくられていることはめったにありません。逆に、海や湖や大きな河川を見下ろす場所や、街道筋を予想できるような所に築造されているケースが多いのです。遠くからもその存在がわかる位置なのです。そのため、可能なかぎり多くの人々に見せるのが当初の目的だったとされています。それはなぜでしょうか。

おそらく、人々がその死者を讃えている意志を知らしめ、氏族の誇りとすること、そして死者の霊そのものがまだ存在するということを示そうとしているのでしょう。ですから、前円後方墳の今日のような航空写真による上から見たときの姿よりも、横から見たときの起伏が重要であったことが予想されます。

現在、その多くが林で覆われていますが、もとは人工的で幾何学的な構造物で、ピラミッドに似たものだったのです。現在では大きさは長さでしか測られませんが、実は円部の墳丘部分は、高いもので三十数メートルもあり、それ自身、小さな山のように見えたはずです。

墳丘が高いものでなければ、山をいっそう大きく見せるために、西殿塚古墳や会津大山古墳などのように、円部が一段余計に重ねられていたり、白米山《しらげやま》古墳のように、大きな石材で葺石《ふきいし》を葺くような造作が加えられているのです。

最古の前円後方墳といわれる箸墓古墳の円部は、積み上げるように五段の山になっており、西殿塚古墳の場合は、四段目の最上段が下の三段に比べて高く、その上昇感を強める効果をもっていました。崇神天皇陵といわれる行灯山《あんどんやま》古墳では、さらに高くなってその傾向を強めています。

四世紀前半頃の景行天皇陵（渋谷向山《しぶたにむかいやま》古墳）あたりには、一、二段目に比べて三段目がひときわ高いという定型ができあがっています。最上段を圧倒的に高く見せる様式の前円後方墳が、五世紀を通して築造され続けます。これらは、横から見られる高さもまた強調されたことを意味しています。

◉古墳と「山人」たちの自然霊信仰と祖霊信仰

拙著『やまとごころとは何か』（ミネルヴァ書房）で述べたように、私は「やまと」という言葉の語源は「山人」である、と考えています。「山」に自然霊があるばかりでなく、祖霊たちが存在しており、それに囲まれた里人たちの生活が日本人を形成しているのです。

前円後方墳のなかには、幅の広い周濠や外堤をめぐらせるものがあり、あたかも此岸《しがん》の牛活から隔絶された彼岸の世界をつくっているように見せています。

つまり、この前円後方墳は、まさに人工的な山をつくり、また、水をたたえた濠をめぐらすことによって、神のいる島をつくり出しているのだ、解釈することができます。

前円後方墳を側面から見ることは自然な見方である、と指摘したのは小説家の松本清張氏で、前円後方墳の「側面杯礼説」をとなえた先駆者といわれています。それもたいへん現実的で、二上山《ふたかみやま》が前円後方墳の形の原型ではないか、と推測しています。

大和の人々が明日香から見て、二上山の雄岳、雌岳の峰部に落日を見ると、それだけで霊的な存在と感じ、特に悲劇の大津皇子《おおつのみこ》が葬られている由縁でもあるといいます。松本清張氏は、これは二見ケ浦の「夫婦岩」や吉野の「妹尾山」と同じ、二つの並びの類で、《一組の自然に畏敬の念を払う日本の風土にある原初的な信仰対象なのであろう》と述べていますが、いかにも小説家らしい観察でしょう。いずれにしても、前円後方墳のなかに「山」を見ているのです。「山」に棺が入れられ、御霊はそこで留まり、人々はそれを仰ぐのです。

その円部は「天」を表し、祭祀はその「山」に向かってより低い方形の「大地」で行われることになります。しかし、前円後方墳全体が神の空間であり、「天」である「山」にそれは生き続けるのです。

このように、前円後方墳の形象から古墳文化の意味合いには、御霊の信仰を永遠に残そうとする人々の強い意志があったのです。そこに、造形の美と、その永遠性を感じていたはずです。

◉古墳文化は神道文化の創造物

しかし、墳墓としても世界最大の規模をもっていることだけでなく、独特の形象をもっている日本の古墳とその文化ほど、まだ評価の不十分なものはありません。「世界の驚異」といってよい、前円後方墳「仁徳・応神天皇陵」がやっと近年、「世界遺産」に登録されましたが、この遅さは日本人の独自の巨大文化として、国民に認知されなかったからなのです。

このことは、いかにこの時代の文化が、構想力のある文化を重視する歴史家によって評価されてこなかったかを示しています。前円後方墳の形象的な意味だけでなく、これほどの巨大さを建設し続けた日本の、文化国家としての創造性そのものが考察されていないのです。ここで日本国家の統一の基礎ができあがったと考えられるのみならず、日本人の文化力、精神力も確固としたものになっていたはずです。これを天皇陵とさえ認めず、その地域の名前を付して呼ぶようにした戦後の左翼の唯物論的傾向の結果です。

全国で二十五万基とも三十万基ともいわれる墳墓の数、長さ百メートルを超える巨大な前円後方墳が三百三十五基以上もあり、なかには二重三重の濠に囲まれた長さ五百二十メートルの仁徳天皇陵（大仙古墳）があることは、よく知られています。

こうした数の上での驚異よりも、一つの墓のために人々がいかに精神を傾注したか、その人物にいかに敬愛と情熱を感じたかについて、現在の日本人はその熱気を感じようともしないのです。

前円後方墳をはじめとして、日本には前円後円墳、円墳、上円下方墳、方墳、柄鏡式古墳など、形が八種類以上もあります。これら墳墓の形は中国から来たものではありませんし、新羅《しらぎ》、百済《くだら》、伽耶《かや》、高句麗《こうくり》などにも存在しません。それらの地域では、せいぜい円墳しか見出されないのです。

その大きさも新羅の長さ百二十メートルが最大で、百済のものは十～二十メートルしかない。日本には埴輪や葺石段築がありますが、そうした外部装飾は朝鮮にはありません。濠も日本では一、二重ですが、朝鮮にはまったくありませんし、陪塚《ばいちょう》（大きな古墳のそばにつくられている小さな古墳）もありません。

つまりどう見ても、この古墳の形も縄文、弥生から続く日本固有のものなのです。この古墳文化には、偉大な死者の霊を祀るという基本的な態度があります。それは明らかに、死者の御霊への信仰であり、「神道」が基本となっていると認識しなければなりません。死者は神になるという思想です。

◉神道的概念のあらわれとしての古墳

こうした思想は、仏教が日本に輸入されたとき、死後の「輪廻転生」よりも「ほとけになる」という言葉を生み出した日本人の、「神道」的な心のあり方を表しています。現在、天皇陵といわれる古墳にすべて鳥居が立てられ、神社と考えられているのもそれを示しているのです。

そして日本の「神道」は、『日本書紀』や『古事記』に語られるように、皇祖霊信仰とともに、この濠に囲まれた島づくり、山づくりそのものに、明らかに自然信仰が重なっていることを見なければなりません。

こうした事実から、これら古墳文化は神道文化の創造物として考える必要があるでしょう。死者のために立派な墓をつくり、その霊を祀り続けるという「神道」の基本は、まさにこの古墳によって形をなしているのです。

紀元前三〇〇年から紀元前一〇〇年頃にかけての弥生期に、北九州には石囲墓《いしがこいぼ》、箱式石棺墓《はこしきせっかんぼ》、甕棺墓《かめかんぼ》などの墓が造られていたことが知られています。

祖先の死に直面して日本人は祖霊信仰を生み出し、それにしたがって墓をつくりました。死をめぐる人間の思惟《しい》は逆に生を活気づけ、日本列島各地で前円後方墳を中心に、墳墓を築造していったのです。

たとえば前円後方墳の最も基本の形は、円と方形です。それぞれ天と地を表すものであり、それは『記紀』に記されている神の誕生と関係するものと考えることができます。この天と地は、道教からきたものといわれていますが、しかしこれは神がそのなかに生まれたことによって、日本的な概念となります。それを神道的概念といっていいでしょう。

『記紀』では自然の諸現象は神格化され、生あるもの、生なきもの、ことごとく神であり、また神々の生んだ子となります。日と月のみが神であるのではなく、山も川も木も神です。

まずこのような墳墓の形をつくり上げる発意において、それは自然を象徴するものであり、神が宿る場所でなければなりません。そこに存する人間が死によって神となった、そのことを盛大に祀る場所が、この墳墓でなければならないのです。

まさに古墳時代は、生あるものが、死者に対し最大の敬意をもっていた時代だったのです。それは「神道」が、まず祖霊信仰であることと密接に関係しているわけです。

第六章

人物埴輪からわかるユダヤ人の「やまとごころ」

◉関東で多い古墳と人物埴輪

古墳もそうですが、人物埴輪は関西よりも、関東のほうで圧倒的に多く出土するという特徴があります。

仁徳天皇陵などが有名なこともあって、古墳の数は近畿地方が圧倒的に多いと一般的に思われがちですが、第一位は千葉県で、古墳が一万二千七百五十基もあります。奈良県（九千六百十七基）や、仁徳天皇陵のある大阪府（三千四百二十四基）よりもずっと多いのです。

ちなみに関東圏、いわゆる東地域の古墳数を見ると、群馬県が四千百一基、静岡県が三千四百二十四基、埼玉県が三千七十七基、長野県が二千六百六十六基、茨城県が千七百八十基で、全国二十位以内に五県入っており、近畿地方と並んでいます。

前円後方墳だけを見れば、規模においてはやはり近畿の古墳が最大かもしれません。百メートルを超える規模となると、大和、河内（奈良県、大阪府）地域の古墳が一位、二位を占めますが、関東も上野《こうずけ》（群馬県）が三位に入っています。

このように、数を見ていくと、関東と近畿では古墳の数におよそ三倍以上の差があるという重要な事実がわかります。関東のほうが明らかに多く、前円後方墳の数を地域別で見るとベスト一〇に関東が六基も入り、かつ一位から四位までを関東が占めていることがわかります。

特に千葉県においては、古墳の遺跡から出土した埴輪を含む遺物量も全国三位です。特に前円後方墳は六百七十七基が確認されていて、全都道府県中、最多です。

千葉県芝山町の周辺には、五世紀から八世紀までに造営されたと考えられる古墳群が集中しており、埴輪の出土品が豊富であることでもよく知られています。

◉人物埴輪は誰をかたどったのか

古墳が多い東国からは、人物埴輪もたくさん出土しています。その理由について、古墳の数が最も多い千葉県で考えてみましょう。

当時の千葉県を統治していたのは、武射国造《むさのくにのみやっこ》でした。国造とは、大和朝に服属して地方を治める役を担った地方豪族のことで、この武射国造の統治の下で、全国最多の前円後方墳がつくられたことになります。武射国造は、大和朝においては最高の地位を占める臣《おみ》というカバネ、つまり称号を有していました。

それほど有力な武射国造ですが、六世紀前半まではその領域に目立った古墳などは築造されていなかったことがわかっています。大規模な古墳の築造が始まったのは六世紀後半からで、この時期を境に、大規模な古墳が急速に築造されるようになりました。

また、関東を治めていたのは、武射国造だけではありません。現在でいう房総半島の北部と南部をそれぞれ、上海上国造と下海上国造が治め、その領域のあいだに武射国造の領域もありました。武射国造は牟邪臣《むさのおみ》、つまり「臣」は天皇と深い関係のある氏族に与えられるカバネです。

『古事記』には、武射国造が牟邪臣だったと記載されており、武射国造が東国で唯一、カバネを有した国造だったとすれば、人物埴輪が武射国造の統治下でつくられたことは間違いないでしょう。つまり人物埴輪に表現された人々は、この武射国造、つまり牟邪臣という氏族に仕えていた人々ということになります。

◉人物埴輪を形象学的に分析してみる

人物埴輪について、形象学的な分析を行ってみましょう。私は『高天原は関東にあった』（勉誠出版、二〇一七年）などを通じて、東国、関東を中心に、甲信越、東海、東北、さらには北海道にかけて、縄文遺跡のある地域には共通な文化が存在すること、そしてそこには地域国家が存在していたことについて研究・論説してきました。

縄文時代と呼ばれる長い時代においては、これらの東国に圧倒的に人口が多かったことが知られています。たとえば『記紀』に記された「天孫降臨」について考えてみましょう。

天孫降臨は、一般的には「天孫（アマテラスオオミカミの孫）であるニニギノミコトが、アマテラスオオミカミの神勅を受け、葦原の中つ国を治めるために高天原から筑紫の日向の襲の高千穂峰へ天降ったこと」と解釈されています。

私は、天孫降臨とは、「寒冷化による東国から西国への人口移動にともない、日本の中心の移動が行われたことを意味する」と分析しました。つまり、西国への多くの帰化人の増加により、次第に東国が取り残されていったと考えたわけです。

縄文から弥生の時代、西国に帰化人が多くなったことによって東国の移住民との混交が起こりました。これが大和国の勢力です。東国は、大和国家の東方にある一大国として常に存在し、東国に帰化人が送り込まれることも多かったのです。

平安時代初期に編纂された氏族名鑑『新撰姓氏録』を見ると、奈良時代から平安時代にかけて、帰化人の「諸蕃《しょばん》」が三分の一にも達していたことがわかります。彼らの多くが、東国にも来ていた可能性があります。

東国に圧倒的に多く出土する人物埴輪を見ると、渡来人のような姿かたちをしているものが多く見受けられます。これは、東国に送り込まれた帰化人の影響もあると考えられるのです。

◉東方をめざした当時の人々

東国に人物埴輪が多いという事実については、大陸からの移民が主として太陽の昇る国としての「日本」に向かってきたという伝統を重視すべきだと私は考えています。

千葉県の芝山遺跡は九十九里浜に近い場所にあり、海から昇る朝日を礼拝するのにふさわしいところです。これは、人はみなオリエント（東方）に向かうという習性が続いていたからだと推定できるでしょう。人類は原初から、太陽信仰をもっているからです。

たしかに日本にわたってきた人々には東方信仰というものがあった、とは必ずしもいうことはできません。しかし、西域の人々には、たしかに「太陽に向かって進む」という信仰があったのです。

第一章でも触れましたが、中央アジアのアゼルバイジャンに、ゴブスタンの遺跡があります。石器時代の遺跡で、岩窟に描かれた船の絵がありますが、その舳先には太陽が描かれています。ゴブスタンの遺跡の船は、太陽に向かって進んでいるのです。

日本には、古来、西域から多くの人が渡ってきていました。奈良の東大寺・正倉院に収蔵された物品は、中国、朝鮮のものより西域のもののほうがはるかに多いのです。

太陽の昇る方向、つまり東へ向かう人々は、最初はアフリカを出発しました。彼らは、アジアにおいてさまざまな場所に居住したのち、さらに東方に向け、波状的にやって来たと考えられます。

したがって、縄文時代、弥生時代は、中国、朝鮮といった近い地域の人々よりも、そうした西方の人々が渡ってくるほうが多かったと考えるべきでしょう。すべては太陽信仰のなせることです。

いずれにしても、奈良に大和国が成立したあとでさえ、そうした西方の渡来人＝帰化人がやって来ました。渡来は弥生時代にはじまり、大きな波の一つとして応神天皇の時代を中心とする四世紀末から五世紀はじめにかけて、さらに五世紀後半から六世紀中頃、といった具合に、波状的に日本に渡ってきたと考えられます。しかしそれ以前からも、日本には少しずつ帰化人が増えてきていたのです。

そしてそのなかに、西文氏《かわちのふみうじ》、東漢氏《やまとのあやうじ》、秦氏《はたうじ》などと呼ばれることになる氏族がいたと考えられます。実はこれらの氏が、人物埴輪に大いに関係しているのです。

◉帽子、美豆良、顎髭のある人物埴輪

人物埴輪のなかには、異常に鼻の高い顔の像がありますが、特殊な冠や帽子をつけ、飛鳥時

代以降の日本人の姿とあまりにも異なっています。

帽子には庇《ひさし》、耳もとには鬢《びん》つまり美豆良《みずら》がついており、顎髭《あごひげ》をはやしています。こうした特徴をもつ人物埴輪は、特に千葉県や茨城県を中心に、関東から数多く発掘されます。

千葉県の九十九里浜近くの芝山町周辺は、五世紀から八世紀にかけて造営されたと考えられる古墳群が集中していることでよく知られ、埴輪の出土品も豊富で、特に特徴的な人物埴輪が多いことで有名です。

写真を見るとおわかりかと思いますが、顎髭がない美豆良と帽子だけの人物埴輪を見た場合、この人物が何者であるか、簡単に見て取ることはできません。なぜなら、たしかに美豆良は特色のある装飾ですが、これだけでは日本人の姿として判断できるからです。

美豆良は、髪を頭の中央で左右に分け、両耳のあたりで束ねて輪状に結んであります。古墳時代に近い飛鳥時代の人物図、たとえば聖徳太子の像としてよく知られている、法隆寺の「唐本御影・聖徳太子像」の二人の皇子像でも「角髪《みずら》」「総角《あげまき》」として描かれています。

これが聖徳太子像の髪の特徴と受け取られました。鎌倉時代につくられた聖徳太子十六歳像にもつけられている美豆良は、一般的な少年の髪型として認識され、一部では幕末頃まで結われていました。

千葉県山武郡芝山遺跡出土のユダヤ人埴輪の頭部

◉人物埴輪はユダヤ人だった

このように、人物埴輪における美豆良は、美豆良だけが取り上げられ、考えられてきました。もう一度、芝山古墳から出土した「芝山はにわ」の人物埴輪を見てみましょう。美豆良は、帽子と顎鬚との三点セットであることがわかるはずです。

ここに重要なポイントがあります。鍔付きの帽と顎髭、そして美豆良という頭部の様子は、世界の衣装史を見れば明らかですが、ユダヤ人の姿かたちを思い起こします。

ユダヤ人の姿かたちは歴史的なもので、伝統的なものです。そして美豆良は、古代のユダヤ教徒の独特の髪型、耳の前の毛を伸ばしてカールさせる「ペイオト」ときわめてよく似ています。

ユダヤ人は、髪の毛といい、髭といい、割礼といい、自分たちが他の民族と違うことを肉体的に表現しようとしています。しかし、髪も割礼も、表面的にそれほどの違いを示す要素にはなりません。この鬢の毛こそ、自分はユダヤ人であるという主張を目立たせるしるしであり、他の民族と区別するしるしとして、特に顕著に用いられる方法だったのです。

「芝山はにわ」とユダヤ人との共通は、それだけではありません。これら鍔付きの帽子と顎髭、そして美豆良をもつ頭部の人物埴輪は、一様に鼻が三角状で高く、また武器を持っているものも多いのです。いかにも大陸のかなたから来た存在であり、朝鮮や中国人風ではありません。

◉西方由来の秦氏の存在

これらの人物埴輪がユダヤ人像だと認定されると、さまざまなことがわかってくると同時に、彼らはなぜ日本にまでやってきたのか、という疑問が生じます。

重要なのは、秦氏と呼ばれる氏族との関係です。秦氏は、キリスト教ネストリウス派（景教）で、大陸からやって来て日本に帰化した氏族として知られています。

『日本書紀』によれば、秦氏の先祖は百済からの渡来人、弓月君《ゆづきのきみ》です。弓月君の日本への帰化の経緯は、応神天皇十四年に弓月君が百済から来朝し、窮状を天皇に上奏したことからはじまります。

平安時代初期の『新撰姓氏録』には弓月君は「融通王」の名で記録されており、秦始皇帝三世孫、孝武王の後裔、つまり「秦の帝室の後裔」と書かれています。

孝武王の子の功満王は仲哀天皇八年に来朝し、功満王の子の融通王が別名・弓月君で、応神天皇十四年に来朝したのです。

『日本書紀』と『新撰姓氏録』の二つの史料は、ともに弓月君が秦氏の祖先であると記していますが、そう記されるに至った起源はどこにあるのでしょうか。

平安時代に編纂された『新撰姓氏録』には、秦氏の祖・弓月君が秦の始皇帝の子孫であると記していますが、『日本書紀』にはそのような記述はありません。

これは、平安時代に入ってからの秦氏の思惑が背景にあります。秦氏は、彼らの由来を名高い秦の始皇帝とすることによって、自らの存在価値を高めるために平安時代の中国への高い価値を利用したと考えられます。


帰化後、弓月の民の人々は養蚕や織絹に従事し、その絹織物は柔らかく「肌」のように暖かいものだったといいます。このことから弓月の民の人々は「波多」の姓を賜ることとなった、という命名に関する説話が『新撰姓氏録』の山城國諸蕃・漢・秦忌寸の項にあります。その後、子孫たちは氏姓に登呂志公、秦酒公を賜り、雄略天皇の御代に「うつまさ（禹都萬佐、太秦）」の姓を賜りました。

平安時代に編纂された、清和天皇、陽成天皇、光孝天皇の三代三十年間が記された『日本三代実録』によれば、弓月君の子孫は各地の秦氏に加わり、その活動に参加することになります。離散・弱体化の進むなかで、雄略天皇の御代に秦酒公が一族を再結集させ、確固たる勢力を築いたということになります。

秦氏の祖である弓月君は、たしかに朝鮮半島を経由しています。しかし、秦氏の系統は『新撰姓氏録』においては「漢」（現在でいう漢民族）の区分です。

つまり、秦氏の系統は、当時の朝鮮半島の人々である高麗（高句麗）、任那、百済、新羅とは別系統なのです。このことは、秦氏は西方の人々である、ということが一般的に認識されていたことを示しています。

◉人物埴輪と秦氏の関係

秦氏の起源が中央アジアの弓月国（クンユエ）の人々だとすれば、なぜ『日本書紀』に記されたように、新羅に妨害されてまでも、なぜ日本にまでやって来たのでしょうか。

そもそもユダヤ人たちには、妨害を受けながら日本にまでやって来るという、困難な道程を突破してきた歴史があるのです。

動機の一つとして考えられるのは、すでに述べましたが、昇る太陽を求めて日本列島にまでやって来る、ということがあるでしょう。しかしそれは、波状的に大量に旅をするという事実について、必ずしも説明することはできません。

ユダヤ人は「流浪の民」といわれます。それが民族的性格であるとはいえ、一時的にではあるにせよ故国を去らざるを得ない場合、そこには大きく深刻な動機があるはずです。

紀元六六年、イスラエルで、ユダヤ人の熱心党（ゼロテ党）がローマの守備隊を襲う事件がありました。ユダヤ人たちは、当時、地中海世界を支配していたローマ帝国に対して本格的な独立戦争を開始したのです。ローマ帝国内のほとんどのユダヤ人が武装蜂起し、ユダヤ人の独立を試みました。

しかし時の皇帝ネロは紀元六八年にローマ軍を派遣し、圧倒的な軍事力によってユダヤ人の反乱を制圧してエルサレムの第二神殿を完全に破壊しました。この破壊跡の一部が現在も名高い礼拝場「嘆きの壁」です。

ローマ帝国から追放されたユダヤ人たちは、ディアスポラの旅に出ます。ディアスポラとは、「離散」や「離散した民」と意味だと解釈されています。

ディアスポラの旅に出たユダヤ人のなかには、ネストリウス派信仰者となって「シルクロード」づたいに、東の中央アジアに向かった人たちもいました。シルクロードは、ローマ帝国時代、中国の絹を得るための通路としてすでに確立していたのです。

その一部が、すでに述べたように、中央アジアの「弓月国（クンユエ）」を経由して、中国、朝鮮半島にまでやって来たと考えられます。中国において秦氏として成立し、そこから朝鮮半島に移動し、秦韓《しんかん》と弁韓《べんかん》にまでやって来たと考えられるのです。

秦韓は辰韓とも呼ばれ、四世紀頃まで、弁韓と並んで朝鮮半島南部にあった三韓の一つです。日本海に接しており、のちの新羅と重なる場所にありました。

そうした人々のなかに、ユダヤ人原始キリスト教徒のエルサレム教団がいて、大秦国（ローマ帝国）から来た秦氏と名乗っていました。その一方で秦氏は、当時は柵外の人々、すなわち万里の長城の外に住んでいる民族という意味で、「秦人」と呼ばれたといいます。「秦」とは、漢民族にとって「外の人々」という意味です。

◉秦氏の「秦」の意味とは

一方、「日本では、やって来たユダヤ人の名をハダ氏と受け取った」という説があります。平安時代の歴史書『古語拾遺』に、彼らがもたらした絹が《肌膚に軟らかなり。ゆえに秦の字を訓みてこれを波陀と謂う》と書かれているのです。つまり、「秦」を当初「ハダ」と発音したと記しています。

「ハダ」の由来は「ユダ族」を意味する「(ヤ)ハダ」という発音を当てて読んだのではないか、とも指摘されています。この『古語拾遺』に書かれていることから推測される「ユダ族↓(ヤ)ハダ」という説は、日本における秦氏の名前の由来としての蓋然性《がいぜんせい》は高いでしょう。

たしかに南ユダ王国の末裔であるユダとベニヤミンの二部族は、今日でも「ユダヤ人」と称されており、ヘブライ語で「Yehudi(イェフディ)」と呼ばれています。なかでも王権を継承する役目を担ったユダ族は、「Yehudah(イェフダ)」と呼ばれたといいます。その綴りは、ヤーウェーの神を意味する言葉に「ダ」を付け足しただけ、と指摘されています。

秦氏が「ユダ族」の出身であることから、「秦」の読みをヘブライ語で「ユダ族」を意味する「イェフダ」とし、その軽く発音される「イェ」を脱落させて、「(イェ)フダ」、または「(イェ)ハダ」と読むことにしたのではないかという指摘には、蓋然性があります。

つまり、「秦(ハダ)氏」とは「ユダ族」を意味し、「イスラエルの王権を継承し、神の都を再建する使命を担ったユダ族の末裔が秦氏ではないか」とする説です。秦氏がイスラエルから来たとする考え方の一つです。

一方、中国には外国人に対しても漢字の名をつける習慣がありました。しばしばそれは、出身国から一字を採用して名づけられます。

ユダヤ出身の場合であれば、ローマ帝国の漢字名である「大秦」から一字をとって「秦氏」とされたということです。これが、ユダヤ人によってイェフダ↓イヤハダ↓ハダ↓ハタと読まれていき、「秦」の字に当てられたと考えられます。

第七章　これまで無視されてきた秦氏の活躍

◉神社を多く建てた秦氏

ここで改めて、西日本での秦氏の活躍について語っておきましょう。

彼らは大陸での商取引で財力を蓄え、各地の都市づくりで土木技術を身につけ、その力で、あの巨大な古墳の造営に大きな貢献をしたと考えられます。乾燥地での大規模な灌漑《かんがい》や土木工事の技術力は、日本の皇祖霊信仰に賛同して、世界最大の古墳づくりに貢献したのです。

特に、新羅の妨害を排して彼らを弓月国から日本に帰化させ、土地を与えた応神天皇や、彼らを助けた仁徳天皇の前円後方墳は、世界最大の古墳の建設に多大な貢献をしたという契約書が発見されなくとも、十分に考えられることです。

逆に、契約書の類や、どこかにそれを示唆する文献がないことは、口約束でお互いの仕事を請け負うことが今日まで続いている日本の慣習に、彼らが同化したことを示していると考えることさえできるでしょう。

のちの記録に残っているのは、特に西山、北山、東山の山麓に囲まれた山背国《やましろのくに》と呼ばれる地域で、この地方の開発と発展に大きく貢献したことです。『太秦村誌』には《欽明天皇の頃、戸籍に載する秦氏の総数七〇五三戸に及ぶより見れば、その勢力の侮るべからざることを知るべし》と記されています。

当時、秦氏の戸数はすでに百四十郷あまりであり、欽明天皇より十五代後の元正天皇の御代で、国内全体の郷数は四千十二に過ぎず、秦氏の勢力については想像するに難しくない、と伝えられています。

ここに、西洋でのユダヤ人の活躍と、同じようなことを指摘した記述があります。『京都府葛野郡史概要』に《伊勢に至り商業に従ひしことあれば利殖の道に長け、他日、秦氏の富饒を招来する因を講へしなるべし。特に大蔵省に召されしを見ても秦氏の富との関係、はなるべからざる由来を窺ふべし。秦氏は實に新しき文化と共に巨富の所有者なり》と記されているのです。

こうした記録を見ると、日本人は、彼らについて《利殖の道に長け、他日、秦氏の富饒を招来する》と述べながら、《秦氏の富との関係、はなるべからざる由来を窺ふべし》と、大蔵省に召されている秦氏の富との関係を知ろうとしています。

キリスト教徒の西洋では、このようなとき、ユダヤ人の利殖ぶりを非難することが多いのですが、その由来を知りたがり、最後に《秦氏は實に新しき文化と共に巨富の所有者なり》と評価さえしています。

たしかに、土木や養蚕や機織り、酒造などを手掛けるだけでなく、楽器や紙といったさまざまな文化・芸術に関する材料も日本にもたらしたといえる人々と考えられるのです。これまでこのような文化関係のものは、すべて中国、朝鮮から来た、とする定説となっていましたがそれは崩れていかざるをえません。

彼らは秦の始皇帝の時代から中国に入り、漢民族と対立しながら、朝鮮をへて日本にやってきたということができます。したがって、彼らが漢語を語り、西国の知識や商売方法を日本にもたらした、ということができるのです。

それだけの経験と力をもてば、さらに政治・経済においても秦氏の影響力が発揮されたはずで、聖徳太子のブレーンとして活躍した秦河勝《はたのかわかつ》を筆頭に、さまざまな人脈を支配層に形成していたと考えられます。

そして、応神天皇を祀る八幡神社や、聖徳太子と関係する広隆寺をはじめとする多くの神社仏閣を全国に建立しています。京都周辺には秦氏の氏寺である広隆寺をはじめ、大覚寺、仁和寺、木嶋神社や大避《おおさけ》神社等、秦氏が創建に関わった神社仏閣が多数あることは、すでに知られていることです。

秦氏について評価する人々は、その絶大なる経済力を背景に多くの寺院を建立し、朝廷に対して強い影響力を保持したがゆえに、最終的には平安京さえも短期間で造営する原動力となった、と書いています。

しかしこのことは、学校や大学の歴史には、ほとんど書かれていません。多くの秦氏は在日の朝鮮人、中国人と混同され、遠くの西方の人と思われていません。これは残念なことです。

大化の改新のあと、六四七年に秦河勝が没した際に、赤穂の坂越《さこし》（兵庫県）に大避神社が創建されました。大避大神として天照皇大神とともに祀られています。大避という言葉の意味は、決して中国からの氏族のことではなく、ユダヤ人がキリスト教のネストリウス派（景教）であったことを関係している、というのが日猶同祖論者の考え方です。たとえそうであっても、日本人のもともとの神道の神社としてつくられたのです。

日本人は、ユダヤ人を信仰の族として受け入れたのではなく、日本人と同じ人間として受け入れ、その能力の高さを、日本の社会で活用するよう念じて受け入れたのです。

日本各地に二万社以上あるといわれている八幡神社は、そのおおもとである大分の宇佐八幡神宮も辛島氏という秦氏一族が創建者です。そして、八幡神社と並んで現在も三万以上ある稲荷神社の発祥の地は、京都の伏見稲荷大社で、その由来書には、秦伊呂具が創建したと記載しています。さらに松尾大社や四国の金刀比羅宮等、多くの神社に秦氏が関わったことが知られています。

◉ヘブライ人たちの神道への理解

元来、一神教であったヘブライ人たちが、ヤーウェーの一神教を捨て、多神教の神道を支持したことは、いかに日本の神道が日本の風土に合っているか、縄文時代からの日本人の神道信仰が強かったかを示しています。その神道が、日本人社会への適合している状態を、彼らも悟ったからです。

彼らが、美豆良をつけ、帽子をかぶっていた風習を（割礼ももちろん）捨てたのは、天武天皇の時代でした。つまり、たとえ太秦の広隆寺が、キリスト教ネストリウス派の隠れ寺として創建したところで、縄文精神から「やまとごころ」という神道で、安定していた日本人の心を変えることができなかったのです。

それを最初に仏教と結びつけたのが、聖徳太子の後ろ盾であった秦河勝だったでしょう。京都最古の寺として六〇三年に建立された広隆寺は、嵯峨野のある山城国葛野郡の、秦氏の本拠地の一つですが、元来、蜂岡寺《はちおかでら》と呼ばれていました。景教のルーツをもつ「波斯《ペルシア》の宗教」「ペルシャの経」という意味の「波斯経寺」の呼び方から、その名がつけられたといいます。

広隆寺を建立した秦河勝は、そこに聖徳太子より賜った弥勒菩薩半跏思惟像を祀りました。そのとき、日本には、神仏習合の宗教が最もふさわしい、と考えたと思われます。今でも、広隆寺には、仏像の美しい弥勒菩薩像とともに、神道の神主としての姿をした秦河勝夫妻の肖像があります。

元来ある日本人の共同宗教としての神道とともに、仏を信仰する仏教という個人宗教をも共存させたのです。次章で述べる聖徳太子の思想にそれがよく表れています。

その後、神社と仏寺という、両方が共存して建てられていく日本の宗教形態は、それを聖徳太子が推し進めると同時に、それを財政的に、精神的に支えたのが秦氏であったと考えられます。

最初は密かに、景教徒のユダヤ人がいたとしても、それを発展することができず、ひたすらその祭祀の形式を、神道の神社づくりの際に持ち込みました（そのとき、将来は一神教にしてしまおうと思ったかもしれません）。神輿《みこし》を担ぐことや山車《だし》を繰り出す祭りの形式も、彼らが持ち込んだと思われます。

それこそ、彼らが日本の文化の演出家の一人として、活躍する場でもありました。しかし祭祀の形式は残っても、キリスト教徒は一パーセントもいない状況はまだ続いているのです。

◉遺伝学から見た日本人とユダヤ人の共通性

さらに、日本人とユダヤ人の関係は、遺伝学の分野からも明らかになってきました。遺伝学が扱っている分野は、必ずしもただちに埴輪の時代と結びつくものではありませんが、それ以外の時代にも、彼らの渡来が何度もあったことが証明されることになるでしょう。

日本人のルーツを遺伝学的に研究したウイルス学者、崎谷満《さきたにみつる》氏の著書『ＤＮＡが解き明かす日本人の系譜』（勉誠出版、二〇〇五年）が参考になります。核心部分をまとめてみましょう。

・遺伝学の分野では、Ｙ染色体のＤＮＡは父系遺伝だが、日本人と中国人や韓国人とは、ＤＮ

Aがかなり違う。

・世界では珍しい古代血統であるY染色体のD系統が日本人には多い。

・Y染色体のDNAによる分類をすると、日本人と地中海の人々が同じDE系統になる。東アジアはO系統であり、オセアニア・南アジアがK系統になる。

・同じD系統であっても、日本人のD系統は、ほぼ百パーセント近くがD2系統である。遺伝的に近いはずのチベットや東南アジアはD1とD3系統である。

・特殊であるD2系統は世界の民族でも日本人にしか存在しない、日本特有の系統である。

・大陸や半島など地理的に近い諸国ではY染色体のD系統は存在しない。

・三百塩基もの挿入部分をもつ「YAP」という特徴的な変異があるが、この「YAP」はDE系統のみに存在し、ほかのグループには存在しない。

・このE系統をもつ民族が、ユダヤ人である。

つまり、DNAの類似性においてユダヤ人として証明されるのであれば、そういった人々(ユダヤ人)が、日本に来ていたことになります。こうした遺伝学的事実は、歴史においても、ユダヤ人的な姿をした人物埴輪と関係し、秦氏の存在と結びつくと考えざるをえないのです。

ユダヤ系の秦氏は、その財力と組織力から見て、のちの藤原氏のように政権を実質上動かし、自らが思う計画を実施することは可能だったと思います。あるいはそれは暴力的にもできたでしょうし、政治技術的にもできたはずです。しかし秦氏はそうせず、天皇をたてまつり続ける方向に向かいました。全国の大半の神社をつくったのも秦氏なのです。

これは、日本の信仰形態を非常に評価したからで、日本の信仰形態を壊そうとなどという気は起こさなかったのでしょう。日本人のやり方と生き方に服し、完全に日本に同化した渡来人がユダヤ人たちだったのです。

ユダヤ人埴輪は、ローマを追われ、日本に渡って日本を愛したユダヤ人たちの想い「やまとごころ」をかたどった像といえるでしょう。

第八章　聖徳太子と「やまとごころ」

◉日本的仏教を確立した聖徳太子

新しく渡来した仏教の受容に積極的な熱意を示した聖徳太子は、斑鳩《いかるが》の土地に法隆寺をつくり、五九四年伐採の心柱を中心とした五重塔を建立しました。この時点で、まさに日本的仏教を確立したといってよいでしょう（太子が最初に建立した四天王寺はまだ独自性をもっていませんでした）。

法隆寺においては、金堂には多くの仏像＝ほとけが祀られています。名高い「釈迦三尊」は聖徳太子の死後つくられたもので、まさに聖徳太子の御霊《みたま》をイメージしていたのです。

この五重塔が仏舎利《ぶっしゃり》であり、卒塔婆《そとうば》の原型となって寺院の墓に建てられるようになるのは、殯《もがり》を仏教に基づいて行った天武天皇の時代以降になるにせよ（その后の持統天皇が最初の火葬された天皇でした）、ここに墳墓時代から、寺院時代の変遷の過程があるといえます。

それはまさに聖徳太子の薨御《こうぎょ》によって、そして法隆寺という一大記念物の建立によって明らかにされたというべきでしょう。

◉「死ねば仏になる」というやまとごころ

日本語で「ほとけになる」という言葉は、まさに仏が死ぬことと同じく人間が死ぬことであり、五重塔はまさにその死者の卒塔婆です。仏の墓が五重塔であり、同時にわれわれ日本人の墓でもあるのです。

われわれ日本人は、死ぬと「ほとけになる」のであり、またそれは「ほとけ」、つまり仏像にのりうつることであります。金堂には「ほとけ」が置かれ、五重塔が仏の「墓」であることは、まさに日本の御霊信仰を仏寺が満たしていることになります。

このような形で、聖徳太子が法隆寺を建立されたことによって、それ以後の各氏族の主は氏寺を建立し始めました。古墳の規模の豪壮さによって族長の地上的勢力を表現していたように、七堂伽藍《しちどうがらん》の壮麗な氏寺建設に人々を駆り立てたといえるでしょう。

死後すべて「ほとけ」になるという御霊信仰は、日本の独自な思想となり、それがまさに仏像というものに、インドや中国のそれらと異なる形象を与えたといえます。

仏像は、六〇六年の飛鳥寺の大仏から始まりましたが、鼻の大きく唇の厚い飛鳥仏のタイプは、まず六三三年の法隆寺金堂の「釈迦三尊」において最初の秀作を生みました。

この釈迦像が潜在的に聖徳太子自身であり、また夢殿の「救世観音像《くせ》」がまさに聖徳太子像といわれているのも、御霊と、仏像《ほとけ》が一体となったことを示しています。この「救世観音像」が、明治になってフェノロサが開梱するまでミイラのようにぐるぐる巻きにされて守られていたのも、それが聖徳太子の御霊であるかのように見られていたからではないでしょうか。

このように、仏教は日本で聖徳太子の法隆寺とともに、神道化していると思われます。神道の共同宗教としての御霊信仰と、仏教の「世間虚仮《せけんこけ》　唯仏是真《ゆいぶつぜしん》」という個人宗教としての人生観が、聖徳太子の思想のなかに融合し、太子としての皇祖霊信仰とともに、日本の宗教の基本が出来上がっていったということです。

それはまさに、日本人の「やまと」の世界の「やまとごころ」というべき宗教心となっていくのでした。

第九章　「やまとごころ」文化の開花

① 天武天皇の時代

◉山人心をもった天武天皇

天武天皇（在位六七三～六八六）の時代ほど、寺院が増えた時代はありません。推古《すいこ》天皇三十二年（六二四）には寺院の数は四十六でしたが、『扶桑略記』によれば、持統天皇六年（六九二）の時点で諸寺を数えたところ、五百四十五あったそうです。

こうした仏教寺院の増加とともに、天武天皇みずから仏教的指針を与えられることがあり、それがこれ以後の日本の生活全般に大きな影響を与えました。それは天武天皇四年（六七五）四月十七日の詔《みことのり》です。

《今後、漁業や狩猟に従事する者は、檻や穽《ししあな》、機槍《ふみはなち》（機械じかけの槍）の類を設けてはならない。また四月一日から九月三十日までの間は、比弥沙伎理《ひみさきり》（魚を捕るための施設か、未詳）や梁《やな》を設けてはならない。また牛・馬、さる・鶏の肉を食べてはならない。それ以外は禁止の限りではない、もしこの禁令を犯せば罪に処する》（『日本書紀』口語訳）。

これにより、日本人が主に魚や大豆から蛋白質《たんぱくしつ》を摂取する習慣が決定したといっていいでしょう。天皇が、日本人の食生活の方向をはっきり示したのです。明治以後、この詔に反して、日本人は牛肉や鶏を食べることを文明開化のように考えました。

天皇の指針は、日本人の食生活にとってたいへん重要な指針となりました。これは、日本人が牧畜・遊牧民となることを放棄したことをも意味したのでした。

また、同年五月の詔では、

《南淵山《みなみぶちやま》・細川山（当時の都、浄御原宮《きよみはらのみや》付近の山）で草や薪をとることを禁じる。また畿内の山野で、もとから禁野《しめの》とされていたところでは、かってに草木を焼いたり切ったりしてはならない》

と通告されています。

ここにある精神は、木を切ったり焼いたりしてはならないという、大事な緑を守るエコロジーです。これは大和＝山人（やまと）の精神を如実に表しているように思います。山は太陽に替わる自然信仰の象徴となったのです。

牧畜によって森や山を開拓して放牧地にしたり、草木を焼いてやたらに開墾することを禁じることは、日本の山野を守り、祖霊の土地を保ち、自然信仰を大事にすることに通じます。天武天皇は、まさに山人心《やまとごころ》の指導者でもあられたのです。つまり、日高見国時代から続く、自然信仰を指針として与えたということです。

◉神道を国家のものとした天武天皇

天武天皇十年（六八一）には、天皇は諸国の神社を修理させています。それだけではありません。天武天皇の御一代初の新嘗祭《にいなめさい》を、特に大嘗祭《だいじょうさい》と称して大々的に行ったのです。

また、祈念祭や月次祭の奉幣《ほうへい》の途を開かれ、廣瀬・龍田神社の祭りを慣例化されたのもこの時代でした。大和国の龍田神社で「風神」、廣瀬神社では「大忌神《おおいみのかみ》」が祀られていますが、天武天皇五年（六七六）からは四月と七月に祭祀が執り行われました。この祭りはともに、悪風と荒水の害を避け、豊穣を祈る祭儀であり、「大忌祭」を行う廣瀬神社は、佐保川と初瀬川がつながり、さらに飛鳥川と曾我川に合流する地点に所在し、よく荒水を受ける位置にありました。現在の奈良県北葛城郡河合町河井にあたります（吉村武彦『古代王権の展開』集英社、一九九一年）。

このように、天武天皇は古墳時代以来の民族的伝統、習俗をまとめ、各地の祭りをも国家的な行事としていったのです。朝廷で季節の変わり目に行われる催事の日は、この時代に定められたものが多くあります。

この、まさに神道を国家のものとしたといえる天武天皇によって、神道の共同宗教としての側面が確立されたといってよいのです。

②日本という国家共同体

◉天武天皇から聖武天皇は、すでに国家概念をもっていた

文化、芸術が栄えるところは、国家が必ずそれを支えるという構図があります。古代ギリシャでもルネッサンス期のフィレンツェもそれは明らかで、国家観なしに芸術はありえないのです。

実際、古典時代といわれる時代の諸文化は古今東西を問わず、いわば人々が共有する表象が一貫した様式をもっています。重要なのは、制度の実体的機能によるというより、集団的意識において、社会の表象が一定の様式をもっていることでしょう。

多くの「近代主義」の歴史家たちは、国家など「近代」の産物であり、このような古い時代にそのような観念は成り立たないと考えがちです。しかし天武天皇以後、聖武天皇までの政策は、日本という国家概念をもたなければ成り立たないものであり、そこに典拠して『古事記』『日本書紀』の神話と歴史の形成、『金光明経《こんこうみょうきょう》』という鎮護国家的な仏教理論により、東大寺を中心に国分寺、国分尼寺といった寺院が建立されたのです。

さらに法律的には、「大宝律令」および「養老律令」などの律と令により、国家が論理化され、

日本の国家としての体制をつくり上げました。

奈良時代、八世紀の日本は政治と宗教がともに天皇を中心に、世界に類例のない統一体をもって、一つの国家をつくり上げたのでした。

それは西洋的観念からいえば、天皇絶対主義という絶対君主制を想起するかもしれません。しかし、そこには聖徳太子以来の「十七条憲法」という為政者の道徳律が備わっており、天皇を支える充実した官僚体制が、モラルによって民主主義的に運営されていました。

聖武天皇の生きた七〇一年から天皇即位、譲位を経て崩御に至るまでの五十六年のあいだに、文化的な活発な動き、神話、美術、建築、和歌、漢詩、音楽などが宗教的、イデオロギー的に白熱し、力強く確立した天皇の神話が、地上権と天上権とを両方兼ね備え、その力によって国民の創造力をかきたてたのでした。

◉西洋より早く生まれていた日本の国家意識

しかし、日本の「古典」時代といわれる奈良時代の文化と芸術は、これまで十分に語られてきたわけではありません。

この時代こそ、日本の神話、日本の宗教、日本の詩歌、日本の美術、日本の建築など、すべての原型と理想が表現されていたのです。そこには日本の歴史の「古典」という様式があり、それはほかの時代では創造できない独立した時代でもあったのです。

西洋では、国民国家（Nation state）の誕生は、近代（フランス革命）以降のことであるとされます。国境が画定され、その言語が一定のものになるとき、「国民」という意識が目覚め、国家が王や一部の貴族や教会のものではなく、国民によって支えられるものだ、と認識されるようになったのは、ここ二百年のことにすぎません。

しかし日本では、このような国民・国家意識がすでに近代どころか、さらに千年遡る七、八世紀にすでに成立していたのです。

日本のこの時代の共同体観を知るうえで、飛鳥時代の聖徳太子の十七条憲法や隋との外交、大化の改新、そして白鳳時代の天武天皇の一連の施策、律令体制の確立、仏教思想の導入の過程を辿るために、日本の成り立ちを語る国家史である『日本書紀』と『続日本紀《しょくにほんぎ》』を紐解くことが必要です。

『日本書紀』は日本の紀伝を述べるもので、最初から国家史という体裁を整えていました。ここでは二書の成立の問題を神話によって語り、日本人が日本という共同体をいかに意識したか、を語っていたのです。

◉「国家は一つの屋根の下の家族」という日本人らしさ

現代日本の日本国憲法には、天皇は国民の総意により国家の象徴であると書かれると同時に、世襲であるとも書かれています。つまり、国民の総意により、天皇家が国家の象徴であるとされています。まず、その天皇がこれから二千六百数十年前にも同じように続いて世襲されていたということ自体、現代との連続性があるということなのです。

その場合の国民とは、何世代にもわたる過去の国民を含みます。天皇が象徴であることと統治されていることとは異なると指摘されるとしても、天皇は百二十六代にわたって続いていることが重要なのです。象徴とは精神的なもので、統治は必要なものであるという違いがあるにしても、一方は権威で他方は権力であり、いずれも日本人にとっては、国の統治者であることは変わりありません。

このことは、いみじくも「国家」という日本語によく表されています。国家を統治するとき、それは「家」を治めるのに似て、主人のあり方によります。家には結ばれた男女がおり、子供たちが生まれる。その国家は西洋的な観念としてのstateとかnationといったものではなく、家族から離れた形ではありません。

もともと、国家という言葉は中国の儒教的な概念ですが、しかしそれはある意味で観念的な概念です。しかし日本の天皇は国家の主人として存在してきています。それはまさに実体としての存在です。

こうした、「国家は一つの屋根の下の家族である」という認識は、日本という島国の風土に起因していると思われます。このような天皇家としての実体を、今日まで連綿と引き継いでいる国家は日本だけといえます。

現在の天皇まで百二十六代にわたって三種の神器を受け継ぎ、建国当初の神武天皇を引き継いでいること自身、神話の存在から近代まで延長している稀有な例だからです。

◉七世紀に国家としての愛国心をもっていた日本人

『万葉集』では「海ゆかば」のような、天皇に命を捧げる歌もまた、そのことを示しています。日本防衛のために派遣された防人《さきもり》たちも、そのような愛国の歌を詠っています。
《大君《おおきみ》の　命畏《かしこ》み　磯の触り　海原渡る　父母　置きて》（大君のお命を尊んで磯に触れる危険を冒しながらも、海原を渡っていく父母をあとに）
「すでに父母の悲しみを超えて、大君のため、国家のために遠い地に向かっていくのだ」と詠っています。ここには昭和の特攻隊の精神がすでに見られるといっていいでしょう。

《今日よりは　顧みなくて　大君の　醜《しこ》の御楯と　出で立つわれは》（今日からは、すべてを顧みず、天皇の御楯の末となろうと、出発するわれは）

ほかから強制されず、自分を顧みず、大君のために生きようとする精神が、もうこの時代から培われていたということは驚かされますが、国家共同体意識は、決して近代のものではない、ということがわかります。

このことは、大君の名で象徴される国家が存在していたことを表しており、一般民衆が率先してその意志を示す国家共同体が成立していたことをも示しています。

この忠誠の対象となる国家が、世界史上でも八世紀という早い時期に存在していたのです。「愛国心」は近代において生まれた、といいますが、日本に限っていえば、すでに七、八世紀の外国との戦いの経験のなかですでに生まれていたことがわかるでしょう。

国防の観念とは、日本のように、天皇という共同体の長がはっきりと認識されているからこそ、より明確に成立するのです。これこそ精神的共同体としての国家です。ここに国家がある、聖なるものとともにあるという観念が必要だ、ということも示唆されています。西洋の「国民国家」が、つくられた「愛国心」の時代だとすれば、「ナショナリズム」とは、すでに日本で、自然な形で生じていたことがわかります。

「万葉の時代」の防人たちから、愛国心をもち「国家を救わなければならない」と考えた民衆がいたのですから、「国家」は実際的な国家として成立していたのです。

③「黄金の国」日本

◉鉱物と技術の国・日本

無論精神的な国防の意識だけではありません。

十三世紀末、マルコ・ポーロが日本を「黄金の国」と述べました。それについて戦後の日本人の多くは実感できず、日本への誤解にもとづく情報で間違っていたとよくいわれます。しかし実際のところ、日本人はただそれを認識できる事実を知らなかっただけなのです。前に秦氏の活躍について述べましたが、彼らが定着できたのは日本にそれだけの資源があったからです。もともと十三世紀以前から、日本はすでにマルコ・ポーロが述べたような国だったのです。それは、七、八世紀の天平・白鳳文化を飾る多くの寺社建設の基礎になったものでもあります。

七二〇年に編集された『日本書紀』だけでなく、八六九年から勅撰の正史として編纂された『続日本紀』を読むと、七世紀の中頃にすでに、日本では金銀の産出があったと書かれています。しかしすでに弥生時代の遺跡から、金属製品が豊富に出土し、その技術的な面でも優れたものが多く見出されています。特に青銅が用いられた銅鐸は、金属器として特別な地位を占めていました。

青銅は錫《すず》と鉛を含んだものですが、銅を主成分にしています。そのことは、日本に銅山が存在し、ここに働く工人たちがいたということがわかります。技術はすべて大陸から来たという説明がされてきましたが、このような大量にまとまった青銅器の存在することは、日本国内で各種の鉱物が採掘されていたことを物語っています。

素材そのものだけでなく、銅鐸の均一な薄い仕上がりや、ゆるやかな曲線を描く形状など、高い鋳物づくりの技術水準の高さがなければなりません。文字によって記された記録はなくとも、発掘品によって示された形象が雄弁に技術の高さを物語っているのです。

◉古墳時代の職人技

さらに、古墳の副葬品として残されてきたものに、金工品があります。緑色の緑青《ろくしょう》（さび）に覆われた金工品が多く、それらの多くは銅や青銅を本体とし、それを金で覆った鍍金製品です。この時代の金工品は、水銀を用いた金アマルガムによる鍍金法でつくられました。この技術は仕上げにヘラ磨きがあり、その粒子が残されています。

また「鉄地金銅張り」は馬具に多く、鉄でつくった馬具を、鍍金した銅板を使って鉄に貼る、という技術を使っています。つまり、材料の複合化によって強靭さと華麗さを兼ね備えている智恵が認められます。

これを含め、日本の古墳の副葬品には金銅製品が実に多いのです。鍍金しないものとして、垂飾付き耳飾りや金製勾玉《まがたま》など、貴重なものもあります。これらは、現在考えうる金工の技術の基本はすでにほとんど登場していたことを示しています（村上隆『金・銀・銅の日本史』岩波書店）。

また、出雲地方の上塩冶《かみえんな》横穴墓群の一つから、平成五年（一九九三）に金糸が塊となって出土しました。横穴墓群は六世紀後半とされますが、金の糸が編まれていたことがわかります。この金の純度は九十五パーセントにも達しています。金の薄いリボンを螺旋《らせん》状に撚《よ》った中空のパイプ構造をしています。

この技術はすばらしく、たった十五ミクロンの厚さの金の薄い板を幅三百ミクロンのリボンにし、それを太さ百五十ミクロンのパイプ状に撚るほどのものでした。このような薄い板を処理する手わざのすごさは、驚嘆に値します。これらも、大陸の秦氏がもたらしたものかもしれません。

◉金も銀も豊かだった「黄金の国」

日本最古の大仏、金銅製の飛鳥大仏が完成したのは、推古天皇十七年（六〇九）でした。この大仏は像高が二百七十五センチであり、鞍作鳥《くらつくりのとり》（止利仏師）によるもので、法隆寺の傑作

「釈迦三尊像」の先駆となるものです。

室町時代に「大仏に金が入っている」と噂され、腰の部分を壊されたといいます。今日まで残っているのは、額から目の下までの顔の上部と、右手指の一部のみで、それ以外の部分では当初の金銅が失われてしまいました。

しかし金銅でつくられていたのは、この大仏だけではありません。飛鳥寺の塔心礎《とうしんそ》には、供養のために埋納された鎮壇具である延板《のべいた》がありますが、これは金と銀製で七点あり、金粒状のものが一点あります。純金に近いものから、銀や銅が加えられているものもあり、この組成は古墳の副葬品の金銀製品と共通しています。

『日本書紀』（巻二十九）では、「六七四年に対馬《つしま》から銀が産出した」とされています。さらに『続日本記』（巻二）には「大宝元年（七〇一）に金も産出している」と述べられており、これが「大宝」と改元した理由です。同じ年、陸奥でも金を産出したと記録されており、奈良の東大寺大仏をつくるときの陸奥での金の発見が最初ではなかったことがわかります。

このような文字の記録は、公式文書といえども不正確で、特にそれ以前の弥生、古墳時代の鉱業の歴史はほとんど記録されていません。七世紀から八世紀にかけて、寺院や宮殿の建立がさかんになると、ますます金属材料の需要が増えますが、日本国内からの自給が可能となっていったのは、決してこの時代にはじまったことではなかったのでした。

◉七世紀の飛鳥の地にあった金属工房

また、七世紀の日本の大建設の時代をうかがううえで、平成十一年（一九九九）の「飛鳥池遺跡」の発見は、たいへん示唆的なものです。

飛鳥寺から東南約百メートルの小高い丘には、平成三年（一九九一）から調査されていたもので、約一万二千平方メートルに及ぶ土地が、当時の日本における工業生産のさまざまな業種が集まった「生産遺跡」であったことが明らかになりました。

金・銀・銅・鉄・ガラス・玉類や漆製品などの生産が行われていた工房があったことが示されたのです。それによって使われた製品の廃棄物も数多く出ました。銅やガラスなどの炉跡が数百基を数え、大量生産をしていたことがうかがわれます。

さらにこれらの工房から捨てられた、炭を主とした廃棄物の層が一メートル以上堆積していました。奈良国立文化財研究所の調査部は、土嚢袋十万袋にそれを移し、それらを水洗いしたところ、金・銀・ガラス・めのう・琥珀・水晶・珊瑚・鼈甲《べっこう》などの完成品、破片、原料などが大量に見つかりました。同調査部はこれを「官営の総合工房」と推定しました。

まさにこの工房で、仏像の鋳型などの金属製品と、金・銀・ガラス製などの装飾品を大量に加工していたのです。

さらに金銀が八十点も発見され、金銀工房もあったことが注目されます。金を溶かするつぼがあり、ここで大量の金銀が加工されていたことがわかります。金の板の切り屑が出土し、金の糸も出てきています。これは古墳から出てきたものと共通していますが、銀製品でも銀の板がつくられ、太刀の鞘《さや》の一部が出土しています。

◉金銀銅と驚くべき日本人の技術

また、日本最古の銀貨も出土しています。「無文《むもん》銀銭」と呼ばれ、『日本書紀』では天武天皇十二年（六八三）四月十一日の条で、

《今より以降、必ず銅銭を用いよ、銀銭を用いることなかれ》

という詔が示すように、このような銀貨が用いられていたと推測されます。この銀の純度も高く、無文と呼ばれますが、なかには文字を刻んだものもあります。

銅製品も多数出土していて、板金加工がされ、銅合金の材質が明らかにされており、高純度の銅、熟銅が多いことがわかっています。そのほかこの遺跡からは、ガラスや漆、木製品など当時の最高の技術を見ることができるのです。

日本が金属を鉱石から抽出し、精錬していく技術を持っていたことは、材質がたいへん高いことでも推測されます。銀に関しては飛鳥池遺跡に、数が少ないながらも方鉛鉱が出土してお

り、これから銀が抽出されるのであれば、すでに「灰吹法《はいふき》」が使われていたとすら考えられるのです。

「灰吹法」は、十六世紀になって朝鮮半島から石見《いわみ》銀山に導入されたというのが通説ですが、すでにこの七世紀に日本で使われていたことになります。むろん、その工法自体はまったく同じではありません。方鉛鉱の吸収材に灰を使うのではなく、石製るつぼを使う点では異なっています。しかし、同じ結果を生み出す方法なのです（先に挙げた資料の村上隆氏は「石吹法」と呼んでいます）。

金についても、銀と同じような高度の精錬が行われており、『続日本記』などの文献にある金の記述以前に、すでに金製作の技術が実践されていたと推測できます。

また、この遺跡からは最古の流通貨幣が発見されました。それは「富本銭《ふほんせん》」といわれ、それまで日本最古とされてきた和銅元年（七〇八）に発行されたという「和同開珎」よりも前の貨幣です。

これは平城京だけでなく、それより古い都、藤原京からも発見され、この時代に銅とアンチモンを合成する鋳造工房があったことを予想させます。この「富本銭」の製作が、飛鳥池遺跡で行われていたことが明らかになりました。この「富本銭」が二百枚以上見つかり、そして長野県や群馬県、大阪府でも発見されたのです。

これまで四千八百枚も発掘されている「和同開珎」は、銅と錫《すず》の合金の青銅で、材質が異なるにしても、決して合金として質の悪いものではなく、中央ヨーロッパでは「カフカス・ブロンズ」などと呼ばれて使用されていたものと同じものです。

実に日本は、金銀銅を自在に使いこなす国家だったといえるでしょう。

◉「和同開珎」を使って

しかしこれらも、秦氏の存在がなければ進まなかったことでしょう。和銅の年号のもととなった「和同開珎」も、実をいえば秦氏がつくったものでした。下毛野国《しもつけのくに》に多胡羊太夫《たごひつじだゆう》という、中国よりさらに西方から来た人物がいました。羊太夫という名でしたから、羊飼いをしていた部族であったにちがいありません。群馬県には数多くの古墳がありますが、そこから多くの馬の像が出土します。日本にいなかった馬が関東で使用されていたのです。

その多胡羊太夫がそこで純粋に近い銅を発見し、それを藤原不比等《ふひと》に伝え、和同開珎をつくったのです（和銅元年〈七〇八〉）。

ちなみに、この和同開珎は流布したように語られますが、日本では貨幣の使用は一般化しませんでした。それは日本が遅れていたからというわけではありません。西洋や中国で流通したような貨幣は、日本人にとって無用な存在だったのです。朝廷は何度も年貢を貨幣で出すように要請しましたが、人々は米や絹そのもので出していたのです。貨幣を貯めることを朝廷が人々にすすめても、人々は応じませんでした。

抽象的な貨幣に価値があるとする観念性は、日本人にはありませんでした。『サピエンス全史』（河出書房新社）でユダヤ人学者ハラリは、貨幣こそすべての民族の普遍的なフィクション信仰のように語っていますが、物々交換こそが本当の経済だと信じる日本人には通じなかったのです。むろん、貨幣流通は秦氏が藤原氏と推進したのですが、日本の貨幣は中国から移入したものが使われたのです。

第十章　稗田阿礼が語った『古事記』の世界

◉日本神話のイザナギとギリシャ神話のオルフェウス

世界の神話のなかでも、日本の『古事記』『日本書紀』ほど神話と歴史がみごとに結び合っている文献はないでしょう。それは天皇の存在が一貫しているからこそ生まれたといえるでしょう。「皇室」が日本神話を創ったのであって、それをつくらせた天武天皇、藤原不比等の意志ではないのです。

そんな日本の神話について、よく知られているギリシャ神話と比較してみていきましょう。なぜこのように西洋の神話とも関連を感じさせるのでしょう。

これまで比較神話学者によって指摘されてきたところでは、日本神話とギリシャ神話の親近性の例として、イザナギとイザナミの物語とオルフェウスとエウリュディケーの神話、また、アマテラスオオミカミとスサノオノミコトの姉・弟の関係と姉デメテールと弟ポセイドンの関係が類似しています。

しかし興味深いことに、このような近親相姦によって異常な子、病の子が生まれることを明確に語っているのは、日本神話だけなのです。イザナギとイザナミのあいだに生まれた蛭子は、《三つになっても脚が立たなかった》と書かれています。

女性が先に愛の言葉を吐いたのが悪かったからということで、男のほうからもう一度求愛をやり直すことになるのですが、こうした事実を記していること自体、日本神話のほうがより現実を語る精神があったことを示しているでしょう。それは日本神話が、現実の歴史に最も近かったということを意味しています。あるいはフィクションより生の状態を示す、といっていいかもしれません。ギリシャ神話はそれを隠すことによって、神々の超越性を示そうとしています。『記紀』では神もまた人間同様であるという、日本神話のこうした語りは、人々の同感を得る一因をつくったといえます。

イザナギとイザナミは日本の十四の島々を生み、自然神三十五柱を次々と誕生させたあと、火の神を生んだために死の憂き目に遭い、イザナミは御隠れになります。イザナギはイザナミのいる「黄泉の国」に下り、還ってくるように呼びかけますが、イザナミは「すでに冥界の食べ物（ヨモツヘグヒ）を食べてしまったので還れない」といいます。しかし「冥界の神と相談してみる」と言って許可をとりつけ、「その代わり地上に行くまで自分の姿を決して見てくれるな」とイザナギに厳命します。しかし、しびれを切らしたイザナギは思わず振り返って、その姿をこっそり見てしまいます。イザナミの恐ろしい姿に思わす逃げ出したイザナギを、イザナミが地獄の手下を使って追わせますが、やっとの思いで逃げることができたのです。

似たような物語を、オルフェウスとエウリュディケーの神話でも見ることができます。詩人で音楽家のオルフェウスの妻エウリュディケーが毒蛇に咬《か》まれて死んでしまい、悲しんだ夫は「冥界」に旅に出ます。

しかし妻は、「冥界の食物ザクロを食べたために戻れない」という。しかしその気持ちが「冥界」の神ハデスに届き、「地上に出るまで絶対に振り返ってはならない」という条件で、エウリュディケーを地上に返しますが、もう少しで地上だというときに、背後に妻の気配を感じられなかったオルフェウスは思わず振り返ってしまいます。それで約束を違《たが》え、妻は、永久に戻れなくなってしまいました。

この二つの物語で似ていることは、妻の死と、冥府から連れ戻そうとして失敗する、という愛の悲しみを語っていることです。それも、死というものの真実を見てはいけない、という人生の掟のようなものを夫が常に破るという、男の愚かさを戒めている点で、東西共通な夫婦観を、生と死の対比のなかで語っているといっていいでしょう。

日本神話のなかで、この二人の物語は最も劇的で、これまで一度も語られなかった「黄泉の国」の存在が、『古事記』の語り部、稗田阿礼《ひえだのあれ》の記憶するところであったという気がしてなりません。

やはり『古事記』の場合は、死者のどろどろとした国、そしてイザナミが悪魔を思わせる姿で追ってくることからも、西洋の神話、『旧約聖書』の地獄にも近いところがあります。つまり稗田阿礼は決して縄文からの家系の人ではなく、渡来した西洋人であったと考えられます。

オルフェウスの物語を、神話の口誦者である稗田阿礼は、その西洋人としての記憶のなかに遠く伝わる夫婦の悲しみの物語として、イザナギ、イザナミのなかで語らざるをえなかったのでしょう。

◉日本とギリシャの姉と弟の神話

ギリシャの神話との相似性は、アマテラスとスサノオの関係にも見られます。この二神は、兄・妹のイザナギ、イザナミと異なって姉・弟の関係にあります。この関係は、ギリシャ神話ではゼウスの姉の太陽の女神デメテールと弟の海神ポセイドンの関係と似ています。

この類似性の所以《ゆえん》は、日本神話もギリシャ神話もこのような兄妹、姉弟の関係での近親相姦に男女の自然な愛の関係を見るからでしょう。ただ、オイディプス神話のごとき母子の相姦関係が日本神話に見られないのは、それが想像できない関係を見ていたからでしょう。姉弟の関係とは異なる不自然さがあったからだと思われます。母子相姦と兄妹相姦の違いは決定的であったと思わるるからです。

姉アマテラスの支配する高天原から追放されたスサノオは、引き返して天上に上っていこうとしました。そのときにスサノオが起こす震動に驚いたアマテラスは戦闘の準備をしますが、スサノオに攻撃の意思はなく、代わりに二人で契りを結ぼうと提案します。アマテラスも弟のそれを受け入れましたが、その後スサノオは勝ち誇って狼籍を働きます。

アマテラスが神聖な機屋に入って機を織っているときに、スサノオは皮を剥ぎ取った馬の死体を上から投げ込みます。これに驚いた機織りの女（アマテラス自身という説もあります——『日本書紀』）が梭《さ》を性器に突き刺して死んでしまったので、アマテラスは恐しくなり、岩屋に閉じこもってしまいます。

そのため世界は暗黒になり、困った八百万《やおよろず》の神々は、岩屋戸の前で祭りを行い、アメノウズメが神がかりになって胸や性器を出し踊り狂ったためにどっと沸き立ちます。不思議に思ったアマテラスが岩屋戸を細めに開いたところ、その機会を捉え引き出され、天地はまた光を取り戻しました。

この話はちょうど、太陽と豊穣の女神であるデメテールが弟の海神ポセイドンと性交渉をする（女神が牝馬に変身していたときに雄馬となって交合する）物語と似ています。女神が怒って洞窟に隠れると、世界は光を失い、大地は実らなくなる。そこで侍女のマンベーが性器を見せて滑稽な仕草をしたところ、女神も笑って機嫌を直し、天地は光を取り戻したといいます（吉田敦彦『ギリシャ神話と日本神話』みすず書房・ほか）。

この共通した話は、「日食」という太陽現象を説明するために東西で同様につくられた神話であるからかもしれませんが、そこで性交渉や、性器露出が女神を社会復帰させる原因となっているることが興味深いことです。理性では推し測れぬ人間性を、東西共通した神話が示しているからです。

◉東西文明に共通する神話の様相

さらにギリシャ神話との注目すべき共通性は、ヤマトタケルの英雄譚にも表れています。ヤマトタケルには双子の兄弟オホウスがおり、その兄弟を殺害したことが書かれています。一方、ギリシャ神話におけるヘラクレスにもイピクレスという兄弟がいて、やはり悶死しています。

ヤマトタケルは、
《幼くして雄略《おお》しき気有《いきま》します。壮《をとこざかり》も及《いた》りて容貌かい威《みかほしぎれたたは》し。身長一丈《みたきひとつゑ》、力能《ちからつよ》く鼎を扛《あ》げたまふ》
と書かれ、まさにヘラクレスを思わせる性格と体です。両者はともに、同じように不幸な運命から難行を課せられ、それに耐えぬく、という英雄譚となっています。

同じような悲劇は、父・景行天皇から命じられた難行の熊襲《くまそ》の征伐をようやく果たしたあと、出雲の国に立ち寄った際、イズモタケルと友誼を結びながら、彼を殺してしまうところにも見られます。それはヘラクレスが、訪ねてきた親友のイピトスを、なぜか城壁の上から突き落として殺してしまったのと似ています。互いに自分の盟友としてきた友人を騙し討ちのようにして殺してしまうのです。そしてその不実を呪うかのように、最後は悲劇的な死を迎えます。

一方は全身を毒に冒されて苦しんで死に、他方は氷雨に打たれて雨の毒に冒されて死ぬのです。それだけではありません。ヤマトタケルがミヤズヒメとの愛欲に溺れた話は、ヘラクレスのイオレに対する愛欲がその死の原因の一つとなったことも似ている、と吉田敦彦氏は指摘しています。

つまり、①肉親の殺害、②盟友に対する騙し討ち、③不倫の性愛への耽溺《たんでき》、という三つの要素が、二つの神話に共通しているのです（インド神話のインドラという戦神にも見られるといいます）。

日本神話とギリシャ神話の筋書きの一致は偶然ではなく、共通して、人間そのものの本質を語ろうとしていると考えられます。ただそれは、一定の教訓を示すためというのでなく、それ自体が人間の生の実態を暗示的に示すことにより、人々に人生の体験を実感させるのです。

これは明らかに日本人以外の作者が、それを日本神話に持ち込んだとしか考えられません。それも隣国の中国や朝鮮ではなく、すでに秦氏のところで述べたように、ユダヤ人たちの一人であることが、蓋然性があります。不思議なことに、稗田阿礼はアメノウズメの子孫だったという記述もあります。アメノウズメの存在が特異な性格をもち、その肉体性は、中東の官能的な女性のそれであると考えれば、やはり稗田阿礼もその人物だと思われます。

私は、これらの神話にモラルや政治的教訓が込められているというよりも、こうしたある種の文学的な記述が、ほかの神々との違和感がある存在を際立たせていると考えます。それが日本人の共同体としての普遍的な男の人生の性《さが》の面白さをメッセージとして暗号化しているように見えます。

そのことは、日本民族がいかに世界と異質性をもっているかを示しているようです。時の政権の権威を守るための創作といったものではありません。こうした異質性は、同時にこのようなギリシャ神話が、遠く大陸を超えて伝わってきたという事実を示すものです。時代的には、こうした西洋神話のほうが早いからです。それは漠然とした伝達ではなく、ユダヤ人という伝達を一つの特徴としてもつ人々によると考えなければなりません。

多くの神話学者が日本神話とスキタイ、ポリネシア、マオリ、メラネシア、南米などの神話との関連性も指摘しています。私が、こうした異国人の神話との関連に惹かれるのは、日本文明と外来文明の混交という、「近代」においてもまだ続く問題の原型を見る思いだからです。

◉日本の神話と『旧約聖書』

次に、西洋文明の根幹となったキリスト教の神話的部分、すなわち『旧約聖書』と日本神話の共通性に目を向けてみましょう。

この、まったく運命が異なる二つの民族の神話にさえ共通性があります。一方が流浪の民となったユダヤ民族と、他方は島国という安全地帯に定住したヤマト民族。一方は幻想のなかに、他方は自然とともに生まれた一つの統一国家ですが、ともにその長い歴史を記しておきたいという、共同体の感情を語っています。

日本神話の「神代史」は、「皇室の権威の由来を説く」という人がいますが、それは決して日本神話だけではないことを『旧約聖書』が示しています。これこそユダヤ民族を守り、その王たちを権威づけるためには絶大な、神の子孫である、という西欧で信仰されている神話が『旧約聖書』だからです。『旧約聖書』には、

《初めに、神は天地を創造された。地は混沌であって、闇が深淵の面にあり、神の霊が水面を動いていた。神は言われた。「光あれ」こうして光があった。……第二の日、神は……大空をつくり、これを「天」と呼んでいる。……神の言葉はたちまち現実となり、神は乾いたところを「地」と呼び、水のあつまったところを「海」と呼んだのだった》

と書かれていますが、自然でさえも神が創られたとする神話であるとがわかります。この絶大な一神であることは、それが生み出すすべてのものを権威づけているのに強い確信を与えているのです。

しかし、日本の神話はどうでしょうか。

《むかし、天と地とがまだ分かれず、陰と陽ともまだ分かれていなかったとき、この世界は混沌として卵のように決まっていなかったし、また、それはほの暗く、広くて、物のきざしはま

だその中に含まれたままだった。やがて清く明るい部分はたなびいて天となり、重く濁った部分は漂って地となった、……天がまず出来上がって、地はのちに定まった。そうしてのちに、神がその中に生まれたもうた》（『日本書紀』口語訳・井上光貞編・中央公論社）

この日本神話のほうは、神より前に自然があり、それが自ずから生成し、その自然から神が生まれていて、その唯一性は語られていません。『古事記』では天地のはじめのとき、神々の国（高天原）にまず姿を見せた神の名はアメノミナカヌシノカミ（天之御中主神）であり、次にはタカミムスビノカミ（高御産巣日神）、そして最後にカミムスビノカミ（神産巣日神）が見えた、というこの三柱の神々が「造化の三神」と呼ばれています。

『日本書紀』ではこの「造化の三神」は現れないか、または「六つの異伝」があってその一つであったと述べられています。こうした『古事記』と『日本書紀』の矛盾は、「六つの異伝」でもわかるように、支配者が皇室神話を勝手につくろうとしたものではないことを示しています。

そして七代の神の系譜が述べられたあと、先述したイザナギとイザナミの国生みの話に続いていくのです。

◉日本の神話と『旧約聖書』のたくさんの類似性

『旧約聖書』とのあいだの類似性は、ほかにもあります。日本神話の創世記である「神世七代」がちょうど「天地創造の七日間」に意味的に対応しますし、イザナギから三柱の神、アマテラス、ツクヨミノミコト（月読尊）、そしてスサノオノミコトが生まれますが、それぞれ高天原、夜の食国、海原を治めるように命ぜられます。これは大洪水で残ったノアの子がやはり三人で、セム、ハム、ヤペテがそれぞれ東方の山セファル、エジプト・カナンの地、そして海沿いの国に住みついたことに対応するといっていいでしょう。

オオクニヌシ（大国主）とヤコブの物語も似ています。二神とも兄弟がおり、その兄弟と常に争い、いつも狙われますが、善行を行うために誰かに守られます。オオクニヌシはスサノオに難題をふきかけられますが、それはヤコブが叔父ラバンに同様に従えさせられようとするのに似ています。しかし両者は、最後にはともに和解するのです。

両神話において特に注目すべきは、神武天皇とモーゼとの共通性でしょう。ともに国を統一し建国しようとしています。

神武天皇は九州から東の大和へ向かい、モーゼもまたエジプトから東へ、イスラエル人を率いて神に約束された土地カナンに向かいます。一方が、統一するまで十六年間かかり、他方は四十年以上かかっています。その長さから、ともに統一が容易ではなかったことを暗示しています。神武天皇の兄五瀬命《いつせのみこと》は東征中に紀の国で命を亡くし、モーゼの兄アロンも国境のホル山で死亡します。

また、神武天皇は大和へは直接向かわず紀伊半島に迂回しますが、モーゼもカナンに入れず荒野を流離することになります。神武は天から遣わされた八咫烏《やたがらす》に導かれますが、モービも神の導きで行動します。神武は熊野で大熊に出会い正気を失いますがアマテラスの横刀《たち》の力により回復し、モーゼの一行も蛇に襲われますが神ヤハウェの指示に従い青銅の蛇を拝んで生き延びるのです。そしてともに東征したにもかかわらず、その統治の時代のことが述べられていません。

天皇の統治については、日本神話では第十代の崇神天皇からしか具体的に語られず《初国《はつくに》知らしし》と称され、その統治下で《天の下太く平らぎ、人民富み栄き》と『古事記』には書かれています。これは『旧約聖書』では二代目のダヴィデに相当するでしょう。崇神天皇の時代に多くの民が疫病で亡くなりますが、オオモノノヌシ（大物主）を祀ったところやんだといいます。

ダヴィデの時代も飢饉《ききん》が起こり、一代目の王サウルに殺されたギブオンの人々の願いを聞き入れると、飢饉はおさまります。

崇神天皇は《識性聡敏《みたましひさか》し。幼くして雄略《ををしきこと》を好みたまふ》と言われ、善悪の判断する能力が高く、勇気があることを称えられていますが、これはダヴィデの、彼を殺そうとする前王サウルと争わず、敵の巨人ゴリアテに勇敢に立ち向かう性格と共通しています。

また、崇神天皇は《壮《をとこざかり》にして寛博《ひろ》く謹慎《つつし》みて、神祇《あまつくにかみ》を崇《かた》て重《あが》めたまふ》と語られますが、ダヴィデも「サムエル記」に《ダヴィデは全イスラエルを治め、そのすべての民に正義と公正を行った》と書かれています。

崇神天皇が神を崇める指導者であったのと同様、ダヴィデもまた神を崇める指導者であったのです。

むろん、こうした共通な物語は偶然的な類似と理解されており、とりたてて深く関連性を追求されてこなかったかもしれません。民族を導く指導者は、多かれ少なかれ同じ過程を辿るものだと判断されるのでしょう。

ギリシャ神話との関連性が断片的なものであるのに比べると、日本神話と『旧約聖書』の類似性は大きく、他方でその相違がそれぞれの民族の特質を際立たせています。それは王の系譜を感じさせるものであるとともに、両民族の歴史の異質性も理解させるものです。『旧約聖書』が西洋のキリスト教の根拠だとすれば、日本神話は日本人の神道に根拠を与えるものといえます。

明らかに『古事記』の作者が『旧約聖書』を知っており、それを多少下敷きにしながら日本の風土や人間に即してつくり上げたのが『古事記』といえるでしょう。私は『古事記』の語り部と記述者たちには西方からの帰化人がおり、日本の歴史のなかに西方の知識を流し込んだと考えているのです。

第十一章　奈良仏教と「古典文化」

◉見直されはじめた奈良時代の文化

平成二十二年（二〇一〇）は平城遷都千三百年でしたが、この年、平城宮跡に奈良時代の大《だい》極殿《ごくでん》と東院庭園、そして朱雀門《すざくもん》が復元されました。特に平城京の大極殿といえば、この時代の国の最も重要なモニュメントの一つです。正面が四十四メートル、側面二十メートル、高さ約二十七メートルの巨大な朱色の建物です。

直径七十センチの朱色の柱を四十四本、屋根の瓦約九万七千枚を使った平城京最大の宮殿の復元は、この時代の壮麗さを人々に深く印象づけました。

朱雀門の再建をはじめとして、興福寺の中金堂《ちゅうこんどう》の再建など、この都市の復元が行われはじめたことによって、日本の「古典文化」を生んだ奈良時代の歴史が見直されてきました。当時の文化の充実ぶりと人々の喜び、創造の独自性が理解されるようになったのです。

一方で、建物の修理や再建のあいだに、収蔵されていた仏像が東京や九州で展示されるようになると、その芸術的価値がいっそう評価されるようになってきました。

◉なぜ「奈良」と名づけられたのか

文化の充実を見た奈良時代ですが、この「奈良」の語源は日本語の「なら」から来ている、という説があります。それは『日本書紀』の崇神天皇の条が証拠とされています。旧奈良市西郊、すなわち佐保、佐紀北方のなだらかな丘陵が「ならやま」と呼ばれているからです。崇神天皇十年九月、天皇の異母兄、武埴安彦《たけはにやすひこ》が謀反を起こして山背《やましろ》（山城のこと）から大和に攻め入ろうとしました。天皇は、大彦命《おおひこのみこと》と彦国葺《ひこくにぶく》にこれを迎え撃つよう命じ、一人は精兵を率いて「那羅山」に登って陣を布きました。

《時に官軍屯聚《いわ》みて、草木を蹢跙《ふみなら》す。因りて以て其の山を号けて、那羅山と曰う》

この《蹢跙す》を説明して、《此をば布瀰那羅須《ふみならす》という》といっていますが、「ならす」ことが「那羅」の語源だとしています。もちろん、崇神朝のこの謀反がもととなって、「ならやま」の話が起こったかどうか詳《つまび》らかではありませんが、すでに柳田國男氏や中野文彦氏によって指摘されているように、平地より山腹に連なる緩傾斜地や平坦部の周辺が「なら」と呼ばれている例は全国に数多く、「奈良」が「ならす」という言葉から来ていることは確実と考えていいでしょう。

草木を踏みならすことが、土地にとっていかに重要なことかは、『古事記』の仁徳天皇の段に、大后《おほきさき》石《いわ》之《の》売《ひめ》（磐之媛）が「那良の山口」で、次の歌をうたったことでもわかります。

《つぎねふや　山代河を　宮上り　吾がのぼれば　あをによし　那良を過ぎ　小楯　倭を過ぎ
吾が　見が欲し国は　葛城　高宮　吾家のあたり》（『古事記』仁徳記）

奈良を過ぎ、城下郡大和郷《しきのしもごおりやまとむら》（天理市新泉町付近）の倭を過ぎるというのですから、山代河（木津川）の木津で船を降り、奈良坂を越えて奈良を通過し、上つ道を通って倭へ行くという交通路の存在がわかります。この歌に見えるように、奈良は山背から大和への入口、大和側からいえば山背への出口にあたります。

ちなみに、『大日本地名辞書』（冨山房）を開くと、「なら山」を『万葉集』の中で、「楢山」（巻四、五九三・巻十三、三二四〇）と記す例のあることなどから、楢の木が茂っていたことにより「なら」の地名が生じたのではないか、という説もある（吉田東伍・同書参照）ので、ここに記しておきます。

◉「大和」的精神性とは

「奈良」について、思想的な側面からも見てみましょう。そこに「やまとごころ」が表れています。

四、五世紀は、インドの弥勒（マイトレーヤ）と、無著《むじゃく》（アサンガ）・世親（ヴァスバンドゥ）の兄弟によって唯識派の思想が確立された時代でもあります。

この三人によって確立された思想を、玄奘が中国に移入したことによって、世親系の思想が翻訳紹介され、弟子の窺基《きき》（慈恩大師、六三二〜六八二）によって開かれたのが法相《ほっそう》宗で、日本には七世紀半ばに早速導入されました（ただし最初期に伝来したのは玄奘の前に移入されたもので、まだ法相教学の確立以前のものでした）。

「法相宗」の根本経典は『成唯識論』ですから、「唯識宗」ともいわれています。眼、耳、鼻、舌、身、意の六識のほかに「末那識《まなしき》」があり、これは時と所に応じて、自我を自我たらしめる意識のことです。

そして唯識論では、第八識の「阿頼耶識《あらやしき》」（サンスクリット語で、アーラヤ・ビジニャーナの音写。無没識《むもつしき》、蔵識《ぞうしき》と訳されています）において宇宙万有の展開の根元があり、万有発生の種子があるとしています。人間から仏へ「悟り」を開くとき、「阿頼耶識」が「大円境智」に転換するとも説いています。

この「阿頼耶識」については、現代の心理学者が「集合的無意識」の発見であるとか、『深層心理』といった概念を与えて評価することが多く見られます。私は、人間の「心」のあり方を分析した、この八識のあり方そのものに、卓抜した方法論を見てとります。

◉奈良の精神が形となった仏像

そして、この「阿頼耶識」を感じることが多い仏像が、飛鳥から天平にかけてのすぐれた仏像であることに私は気づきました。つまり、絵画論でいえば「気韻生動《きいんせいどう》」を感じさせるものです（謝赫《しゃかく》『古画品録』）。仏像がキリスト教芸術における人間像に比べると、「苦」と「平明さ」を感じることが多いのは、まさにこの「阿頼耶識」と「原罪意識」の相違であると感じていま
す。たとえば、法相宗の寺である興福寺の名高い「阿修羅像」です。

私はこの飛鳥から天平の時代の傑出した美術作品が、「法相宗」の仏寺においてつくられたものが多いことに注目していました。法隆寺、薬師寺、興福寺などはみな、法相宗関係の寺院なのです。

概してほかの宗派の寺には、顔や表情に複雑な表現が不足しているものが多いのです。たしかにこれまで、唯識思想は独自の心の分析などに特徴があるといわれてきましたが、日本ではむしろそのような深層意識などは理解されず、ただ「人間の能力には五種類の別があり、仏となることのできない人もいる」と説く五性《ごしょう》各別説や、「菩薩の修行には永遠に近い年月、輪廻を繰り返して修行することが必要だ」と説くところが他宗派との論争点となっていたといいます。

しかしこのような理解より、この「唯識論」が、人間の心の深みを読みとろうとする仏師の意識を喚起していたことは、十分に理解されることでしょう。

さらにいえば、この「阿頼耶識」のなかに、インド人や中国人、朝鮮人もそれぞれの地域、国家、宗教共同体の精神のありかを示していたと考えることができると思います。

「阿修羅像」の顔はインド人でも中国人でもなく、日本人の顔です。感じられることそのもの

に、日本人の共同体の「阿頼耶識」、ユングのいう「集合的無意識」が見てとれるのです。ここには縄文時代から続く、人間の自我帰依の念があるでしょう。

それは言葉で書かれない、日本の「神道」の伝統を深く表しているにちがいありません。春日山の神々の姿も、そのなかに沈潜しているのです。それが仏像をまた芸術の像にするのであって、奈良時代の人々の精神性の豊かさをも表しているのです。

◉大仏は「美」のためにつくられた⁉

平成二十二年（二〇一〇）は平城遷都千三百年でしたが、その十月二十五日、東大寺の大仏の膝下にあった二本の剣が発見されました。

これは正倉院御物のなかにあったもので、「陰寶剣」と「陽寶剣」と名づけられている二剣の存在は以前から知られていたものの、それがどこに行ったかわからず、今回、X線で剣につけられていた銘文が確認されて再認識されたのです（元興寺文化財研究所と東大寺による発表）。

剣がもともと大仏の膝の下にあったというのも、この二剣が大仏そのものを守る力として埋められたことを予想させます。宇佐神宮がこの東大寺の守り神として名乗りをあげましたが、その神が八幡神という鎮護国家の神として武力をもって外敵防護する神だったのですから、これらはまさにその象徴として大仏の膝下に埋められていたのでしょう。

この刀剣の発見は、それが大仏の慈愛に満ちた姿と対照的な、ある種の権力を印象づけるもので、聖武天皇の強い意志というものを感じざるをえません。

聖武天皇が大仏造立の詔を出されたのは、天平十五年（七四三）十月のことですが、その年の正月に「像法中興」を誓われました。大仏をつくるという天皇の構想はこの頃からはじまっており、決して大仏造立の詔からではなかったことが理解されます。

私は、この大仏について、「美」の観点から論じたいと思います。というのも、この大仏も、また仏像そのものも、もともと「美」のためにつくられたものではないというのが、日本の識者（残念なことに美術史家までそうらしいのです）の常識となっているからです。

『日本霊異記』などを読んでも、奈良時代の仏像について述べても、その「美」について論じたものはない、というのがその理由の一つです。

盧舎那仏《るしゃなぶつ》が「光明遍照」と解釈されたように、大仏は光り輝くものであるべきだ、という経典の教えがありました。しかしそこには、それだけでなく、「美しく」つくられるべきだという意味も込められていたのです。

◉『日本霊異記』の執金剛神の美しさ

『日本霊異記』には、在俗の仏教信者が像の脛《すね》に縄をかけ、自分の体に結びつけて修行をした結果、像が光輝いたと読めますが、その「光を放った」執金剛神《しゅこんごうじん》が立っているという表現そのものに、この像の「光」が「美」であることを推測させます。

つまり、見る者、拝む者の見方によって像が光輝くわけです。わざわざ「執金剛神」と特定し、それが現に法華堂の入口に立っているということは、おのずからこの像自身の見事さを語っていることでもあるでしょう。

この『日本霊異記』には数多くの仏像についての記述があって、それらが声を出して人々を呼んだり、叫んだりすることが記されています。それは、像が生きたものとして見られていたということで、像自身の写実性、迫真性と無関係ではないでしょう。

『日本霊異記』には、そのほか多くの仏像に関する物語があります。砂のなかから《自分を取り出してくれ》という声がしたので、掘り返すと薬師仏があった。左右の耳が欠けていたので、その水難にあった像を修復し、仏堂をつくって供養をしたところ光を放ち、人々に敬われたそうです。

《インドの優填《うてん》王が作った栴檀《せんだん》の木の仏像は立ち上がって釈迦に礼し、丁蘭の作った母の木像は動いて生きているのと同じ様子を示したというのは、このことをいうのである》と付け加えてありますが、《動いて生きているのと同じ》ほどの写実力と、そこに「気韻生動」感を感じ取ったことを、逸話風に述べているといっていいでしょう。

これは『日本霊異記』の作者が、自分の著述の仕方を謙遜して、《上手な彫刻家が彫ったところに、下手な彫刻家が手を加えるようなもの》という、仏像の上手下手を人々が見分けていたことを何気なく述べていることと対応しています。

像にはやはり、表現の良さ、悪さが判断されているのです。ともあれ、この本は中国の「冥福記」や「般若験記」といった仏教上の霊験記に対抗して書かれたものですから、当然、信仰によるあらたかになった奇跡を述べたものとなっています。

仏像の美のみを探るのは無理な著作かもしれないとはいえ、東大寺の法華堂の「執金剛神像」のように、像が特定されて述べられていることは、それが見事な出来栄えであったことを裏付けています。

◉「うるわし」と表現される大仏の美

しかし、もっと直截に芸術表現を讃えたものがあります。それは聖武天皇の母君であられた太皇太后藤原宮子が東大寺に行啓し、開眼したばかりの「盧舎那仏」に献じられた和歌です。

《ひみかしの　山辺を清み　新鋳せる　盧舎那仏に　花奉る
法《のり》の本《もと》　花咲きにけり　けふよりは　仏の御法《みのり》　栄えたまはむ》
《うるはしと　我が思ふきみは　これとりて　みかど通はせ　万代までに》

（『東大寺要録』より、榊泰純「古代寺院と和歌」『文学と宗教』第一巻）

　ここでは、中宮が盧舎那仏を「うるわ（は）し」と讃嘆し、万代まで天皇の加護を願う「御作」としてこの和歌を献じたことがわかります。大仏を詠ったこの「うるわし」という言葉は、「宇流波志」と書かれ、整った美しさ、気高さを讃嘆する言葉であり、仏教的な意味とともに、純粋な美を称讃した言葉として注目されるでしょう。

　この「うるわし」という言葉は『万葉集』に十九例見られるほか、『古事記』には一例あり、これは有名な、

《大和は　国のまほろば　畳《たた》なづく青垣　山籠れる　大和しうるわし》

というヤマトタケルの歌ですが、このように「うるわし」は風景、土地の美しさを賛美している言葉としてよく使われています。

　それは親愛の感情を表す「うつくし」と異なり、さらに美学的な自立性をもっています。語源的には「潤ふ」が形容詞化したといわれ、濡れて光沢のある状態を表したものでもあります。また、もともと視覚的な美を表現する語であったとも考えられています（青木生子・橋本達雄監修『万葉ことば事典』大和書房）。

　大仏が信仰のためだけではなく、そこに「うるわしさ」があったことは、それが仏教自身の「光」を意味するものであったからだということができるのです。

第十二章

日本のミケランジェロ・国中連公麻呂の登場

◉日本だけにある「仏師」という職業

日本で最初に「仏師」と名づけられたのは、飛鳥時代の「止利《とり》仏師」です。それまでは「仏工」といっていましたから、「仏師」という呼称には、仏像をより深く評価する意味があったにちがいないでしょう。

その後、この「仏師」の名がつけられるのは、天平六年（七三四）『正倉院文書』の「仏師将軍万福」です。そして『東大寺要録』では国中連公麻呂《くになかのむらじきみまろ》が、「大仏師」と呼ばれています。

この、仏工・仏師・大仏師という呼称が日本においてだけ見られるということは、日本の美術史を論じるにあたって、そこに重要な美術評価の観点が入っているということになるでしょう。

日本の仏像づくりがなぜ生まれたかについては、「仏・ほとけ」という日本語が最もよく解説しています。元来、「ほとけ」という言葉の、「ほと」は「仏陀」のことで、シナ語では「浮図」とも「浮屠」とも書きます。そして「け」は「形」であり、「仏陀の像」という意味となります。つまり日本では、仏教が仏像とともに百済からやって来たということが、仏像というものに大きな意味をもたせたのでした。

欽明天皇は、

《西蕃《せいばん》に献れる仏の相貌端厳し、未だ曽て有らず……》（『日本書紀』「欽明天皇」の条）

と述べ、その像が「端厳」であること、つまり「ただしくおごそかな」像であることに感銘されています。これを「きらぎらし」と読んでいますが、この「端厳」は、もっと美学的な意味をもっているはずです。「ただしくおごそかな」という言葉は、その意味では「美」を語った、史料上最初の日本語と考えられます。

これが日本の仏像観の出発点だとすれば、止利仏師の仏像を「よし」（好し）という言葉で評された推古天皇の言葉（『日本書紀』「推古天皇」の条）にも、仏像が天皇にとって特別なものであるという考えを見ることができるでしょう。「善し」でもなく、「良し」でもなく、自分にとって「好ましい」という意味だからです。それを制作した工人は、特別な技術と精神をもっていると考えられるのも当然でしょう。

止利仏師の名前を取り上げていることは、日本だけにある「仏師」という職業は、そこに「師」という言葉がつけられる意味があったにちがいありません。「芸術」という言葉を使わなくても、「仏」をつくる特別な「師」という、ある敬称としての認識があったのです。

◉「鎮護国家」の意識と芸術性

この仏師・仏工が活躍したのは奈良時代です。その造像の動向を述べていきます。

この時代の仏寺は、大官大寺《だいかんだいじ》や東大寺もそうであるように、主要なものは国家が計画し、建立しました。このことは、日本の宗教文化は国家が主導するもの、ということを強く意識させます。

官寺の造営には必ず造営司が設けられ、そのなかで、造像を専門とする造仏所が置かれ、仏師を中心にして、仏像制作をつかさどることになっていました。

したがって、仏像制作には「鎮護国家」の意識が入り、国家を意識することなくしてはそれを創造することはできないことを予想させます。偉大な芸術に認められる「公」の正義、「公」の道徳観が入ることによって、仏像の美しさの一部となると考えられます。

仏師として仏教を深く知り、また「公」の意味を理解している芸術家の存在こそが、日本の天平の仏像を芸術にまで高め、同時に宗教を超えた普遍的な人間表現の域に到達させたわけです。

その天平期の仏師として『続日本紀』に記され、東大寺の大仏制作に携わったのが、公麻呂なのです。

東大寺の盧遮那仏造像の指揮を執っていた公麻呂の肩書は「造仏長官」ですが、「造仏長官」は天平十八年（七四六）から天平感宝元年（七四九）に至るあいだの四件の『正倉院文書』に見出されます。いずれも公麻呂の肩書として書かれたもので、この官職が大仏造営に直接対応するものであることは疑いないでしょう。

公麻呂が「造仏長官」であったときの四年間は、大仏造営の最も重要な期間です。つまり、造仏工事における大仏の設計から原型制作、そして本体鋳造という大工事です。その時期に公麻呂が造仏長官だった「金光明造仏司」が、それを担当しました。

当然、公麻呂はその設計から原型制作、そして本体鋳造に取り組んだことになります。その山場を越えた段階で、この組織は当時すでに成立していた「造東大寺司」の機構に吸収され、その下部組織である「造仏所」あるいは「鋳所」に姿を変えています。

天平十六年（七四四）十一月には、「体骨柱」が立てられました。塑土による原型制作もある程度進んだ天平十七年（七四五）四月二十五日に公麻呂は叙位され、正七位下から一躍、外従五位下に昇進しています。五か月あまりが経過して叙位されたことは、そのあいだにこれが評価されたということでしょう。

◉公麻呂の「頗る巧思」によってできた盧舎那銅像

天平十九年（七四七）九月二十九日、第一回の溶銅が大仏の鋳型に流され、八回の大鋳造が行われ、天平二十一年（七四九）三月に大仏本体が大略鋳上がりました。

天平二十一年から大仏像の完成までには相当の日時を要したわけですが、史料には空白が見られます。その理由は、この頃には公麻呂の直接手を下す仕事ではなくなったからでしょう。

公麻呂は天平感宝元年（七四九）四月十四日（この日、改元がありました）、大仏の鋳造が始まって半年ほどで、さらに従五位上に上がっています。聖武天皇は四月一日と十四日の二度にわたって工事中の大仏前に行幸し、この二回目のときに叙位を行いました。この年の十月二十四日、大仏鋳造という空前の難工事がおおむね完了します。

公麻呂の大仏造営初期の昇進の著しさは、その原型づくりの段階で成果を上げたことに由来しているのでしょう。

国中連公麻呂に関する史料の主なものは、『正倉院文書』に見られる二十数件の記録と、『続日本紀』にあらわれる叙位関係の記事七件および「卒伝」、そして『東大寺要録』に収められた『大仏殿碑文』などです。

『続日本紀』の「卒伝」には、

《公麻呂、頗《すこぶ》る巧思あり、竟《つい》に其の功を成し、労を以って遂に四位を授け》

とあります。つまり、盧舎那銅像が《頗る巧思》によってできあがったということです。それに手を下したのが公麻呂で、四位という異例の貴族の位を授けたと書いてあります。大仏師の公麻呂は、まさにその仏像に彫刻家として取り組んだことになるでしょう。

《頗る巧思》があったことは、「うるわし」さをもった大仏である、と評価されたからだと思われます。

「巧思」の「たくみ」という言葉は、しごと、しわざの巧みさというだけでなく、それ自体、優れた技量という意味があったのでしょう。

◉史料から消えた公麻呂の動向

さらに「卒伝」によると、公麻呂が国中連姓をもらったのが天平宝字二年（七五八）とありますから、この間も、位階を上げるほどの仕事がないにせよ、姓を賜るにふさわしい仕事を着々と行っていたと考えられます。

仏身鋳造が終わった天平二十一年（七四九）から天平宝字五年（七六一）に至る十二年間、公麻呂の動向は、『正倉院文書』に「造仏司長官として経巻を借り出した」という記述が一点あるだけで、ほかの史料からはまったく見えません。

ただ、この経典が「如来の三十二相八十種好」といったことに触れる教典であったことは、公麻呂が仏像制作の新たな「様式」を創出するためであったと考えられます。

公麻呂という大仏師と仏像の造形との関わりといった問題も、このようなことからうかがうことができるでしょう。

この第二期に行われた造東大寺司の作事には、大仏殿建立、大仏の鍍金、螺髪《らほつ》鋳造、銅座鋳造、同脇侍《きょうじ》菩薩像、同四天王像、西塔、東塔の建立です。

そのなかで、公麻呂が携わっていたのは建築ではなく、大仏の脇侍菩薩像、同四天王像でしょう。ともに治承四年（一一八〇）に焼失しているのでわかりませんが、これに公麻呂が携わっていた可能性は大きいと思われます（根立研介「国中連公麻呂考」『正倉院文書研究8』吉川弘文館、二〇〇二年）。

◉大仏の建立前に大仏師となっていた公麻呂

公麻呂自身の活動は、史料からいえば天平十七年（七四五）から宝亀五年（七七四）に至るものしか確認されませんが、先述したように、そこに記されている高い位階は、すでに仏師としてさまざまな仕事をしていなければ理解できない地位でしょう。

初めての史料で、天平十七年四月二十五日、正七位下から外従五位下に飛躍的な昇進が見られることから、彼がすでに経験を積んだ仏師として抜擢され、当時紫香楽《しがらき》で続行されていた最初の大仏造営に関係し、その公示がなされていたと思われます。

すでに彼の名前は『続日本紀』において、「国君麻呂」と書かれ、『正倉院文書』では「国」あるいは「国大夫」と見られます。天平十四年（七四三）に「大仏師」の名があることは、公麻呂が大仏制作を成し遂げたから大仏師になったわけではないことがわかります。

つまり山房、そして「大養徳国金光明寺《だいようとくこくこんこうみょうじ》」造営から続く羂索院、すなわち法華堂の八体の見事な仏像をつくっていたことが評価されてこの地位に抜擢された、といっていいのです。

公麻呂がいかなる仏師であったかは、大仏以外の、東大寺法華堂の「日光《にっこう》・月光《がっこう》菩薩像」、東大寺戒壇堂の「四天王像」などの作品解明がなされなければ、その全貌が解明されたとはいえないでしょう。

◉諸作品からうかがわれる日本のミケランジェロの技

「日光・月光菩薩像」といえば東大寺彫刻の白眉ですが、この菩薩像は最初から「不空羂索観音像」とともにあったということが明らかになりました。

不空羂索観音と六体の台座が、壇こそ違え、本尊が立つ八角仏壇上の左右に脇侍のように立っていた、という基壇の観察結果は、それまでの「日光・月光菩薩像は客仏で、いずれかから持ち込まれた像である」という推測を打ち消しました。

中央の「不空羂索観音」との大きさがずいぶん違いますし、その脇侍としてはバランスを欠いている、と漠然と思われてきましたが、そうではなかったのです。

また、日光・月光二つの菩薩像は、色彩によって日光・月光菩薩として当初は区別されていたことが理解できます。月光菩薩のほうが、その塑像の白に薄い青がかかっており、それが月光にふさわしい荘厳さと、その肉づきの円満さを示しているようです。

この二像の色彩に近いものが前章でも取り上げた「執金剛神像」で、同じように赤系には朱が、青系には群青が、緑系には緑青が使用されています。その華麗な色彩と文様は、一番残っています。

この法華堂の諸像の一貫性は、これらの仏像が、一人の仏師によってつくられたことを示しています。中央祭壇の彫刻を、ばらばらに仏師が分担するということは考えにくいからです。

戒壇院の「四天王像」の四体が、「不空羂索観音」と「日光・月光菩薩」と同じ時期につくられたことは、これらの類似性を明らかにしています。

不空羂索観音像と、戒壇院の四天王が最初、法華堂で一つのグループを形成していましたが、四天王像が別の所に移動させられたあと、東大寺の法華堂の機能として、新たにこれらの八天像がつくられたのでしょう。

ここでは、東大寺関係の国中連公麻呂の作品について述べてきました。ほかにも公麻呂の創作活動は、光明皇后の病気平癒のために建てられた新薬師寺の「十二神将像」、東大寺戒壇院のためにやってきた鑑真を記念する唐招提寺の「鑑真像」、法隆寺夢殿の「行信像」など、現在は東大寺以外の場所に安置されている諸像があります。それらを見ると、公麻呂が近代的な写実を身につけていたことがわかります。

ですから私はこの仏師を、日本のミケランジェロと呼んでその作品を讃えているのです。公

右上：月光菩薩像、左上：日光菩薩像、下：執金剛神像（いずれも東大寺）

麻呂の作品には、日本の伝統の「縄文精神」と外来の思想を取り入れた「やまとごころ」の結晶を感じるのです。

第十三章

歌の殉死「海行かば」の歌人・大伴家持

◉官人かつ優れた歌人だった家持

三十六歌仙の一人で『万葉集』の編纂に関わった歌人として知られる大伴家持《おおとものやかもち》は、高級官吏でもありました。大伴氏は大和朝廷以来の氏族だったのです。

家持は養老二年（七一八）に大伴旅人《おおとものたびと》の長男として生まれました。正妻の子ではありませんでしたが、嫡子として扱われました。母のことはどの史料にも書かれておらず、最晩年になってその実母を思わせる史料があるだけです。

家持は、官人として生きることを運命づけられていただけでなく、父からの文学的教養を受け継いでいました。しかも、歌人としても自立できる才能を十分にもっていたのです。しかし当時は歌人という職業はありませんから、官吏として生活するなかで創作を続ける以外になかったことになります。

家持という名から、長男として大伴家を継ぐ使命を負っていたことがわかりますが、弟は書持《かきもち》という名で、おそらく「書く」仕事を継ぐことを任じられていたのかもしれません。しかし書持は役職にも就くことなく生涯を終えていますから、あるいは大伴家で歌人の道を辿ろうとしたものの、創造力に恵まれず挫折したのかもしれません。

しかし官人として生きた家持が、同時に抜群の歌人であったことは、才能だけでなく、政治というものを知っていたからでしょう。それは天皇政治という、日本古来からの政治の重要性を熟知していたからだと思われます。歌、ひいては芸術というものを最初から身に付けていた家持ですが、それはこの社会的環境の上に花咲くものだと知っていたのでしょう。

◉十代で恋歌のやりとり

家持の最初の歌は、相聞歌《そうもんか》、つまり恋歌のやりとりでした。のちの家持の妻となる、坂上《さかのうえの》大嬢《おおいらつめ》からの歌が残っています。

《生きてあらば　見まくも知らず　何しかも　死なむよ妹と　夢の見えつる》（巻四、五八一）

この歌は、家持が詠った歌への答歌ですが、家持の歌のほうは失われています。坂上大嬢が家持に、「私たちは生きていてお会いもできるのに、なぜ『死なむよ妹』などと、夢のなかでおっしゃるのですか」と問うています。十五歳の家持の歌に対しての答え歌ですが、前の家持の歌が、いかにひとひねりしたものであったかが想像できます。続けて大嬢は、

《ますらをも　かく恋ひけるを　たわやめの　恋ふる心に　たぐひあらめやも》（巻四、五八二）

「ますらお（を）の家持の恋がそんなに深いものであっても、私のようなたわやめの恋にくらべられない」と詠っています。自分のような、なよなよとした女の恋のほうが強い、といっているのです。

いずれにせよ、この歌を引き出した家持の歌が巧みであったことが想像できます。大嬢が十二、三歳でしたから、こちらのほうも早熟です。代作という説もありますが、この時代の人々の成熟が早かったこともまた確かなのです。

家持は大嬢に、

《わが屋戸に　蒔きしなでしこ　いつしかも　花に咲きなむ　なそへつつ見む》(巻八、一四四八)

と詠い、「わが家の庭に蒔いたなでしこが、いつ花を咲かせるのだろう、その花をあなたに『なそへ』て見るつもりだ」といっています。この「なそふ」という言葉は、「見立てる」ということです。わずかに柿本人麻呂に見えるだけの言葉で、家持がいかに最初から珍しい言葉を知っていたかがうかがわれます(小野寛『大伴家持研究』笠間書院、一九八〇年、同『孤愁の人　大伴家持』新典社、一九八八年)。

◉青春期をすぎてからの結婚

実をいえば、家持は青春時代に、大嬢のほかに八人もの女性から恋歌を受けていました。そのほか、歌を取り交わしている女性は少なくとも二人はいたのです。

そのいちいちをここで述べる気はありませんが、現代のように、若いときに多くの異性の友人と関係をもっても、歌をつくるという文化的な関係をもたないことは、文化の衰弱以外の何ものでもないと私は思っています。奈良時代の男女のほうが日本人として、はるかに文化をもっていたのです。

家持は十七歳で、すでに内舎人《うどねり》（宮中の宿直や雑役に従い、天皇外出である行幸の警護にあたる文官）となりました。こうした早い出世は、男性に成熟した女性関係をもたらします。歌をやりとりする関係が、ただ生活のない（現代では学生のような）子供同様の相互関係から生まれるのではなく、官人、武人の役割の人々のなかで成り立つことがわかります。この時代の文化の成熟度は、そんなところにも基礎をもっているといと考えていいでしょう。

さて、家持は二十二歳になっても、まだ正式な結婚をしていませんでした。大嬢のほかに愛妾がいましたが、その愛妾が亡くなったとき、「悲傷歌」といわれる範疇《はんちゅう》の長歌を詠っています。

そしてそのあと、しばらく途絶えていた坂上大嬢との関係が復活します。大嬢と歌をやりとりしていたときは、家持は若すぎたこともあって、愛妾のほうに心をとらわれていたようです。そこから家持を取り戻すために、どうやら母の郎女《いらつめ》が二人を取りもったようです。

家持と大嬢のあいだに、堰を切ったように再び相聞歌が交わされます。天平十一年（七三九）から十二年にかけて家持の歌が三十首、大嬢からは六首が残されています。

歌を取り交わすことで愛情を深め合い、お互いの嫉妬や恨みの感情が洗われ、心のなかにゆとりが生まれます。こうした男女のやりとりは、愛情そのものをお互いに洗練するのです。

◉赴任地で病床について詠った歌

天平十六年（七四四）、聖武天皇の第二皇子・安積親王《あさかしんのう》が十七歳で薨去《こうきょ》され、家持は二首の挽歌《ばんか》をつくりました。この挽歌を詠って、家持は一年八か月沈黙します。

世継ぎを失った大君の悲しみに寄り添ったともいえますが、本当は『万葉集』の巻十六までを完成させることに忙しかったのだと思われます。歌心は、歌の編集でいったん消えざるをえなかったのでしょう。家持はこの歌集の直接の編集に携わったのです。

このことは、それだけ彼の才能が認められていたことを意味します。歌づくりも、歌の編集も、官人としての仕事も家持にとって同一の奉仕として感じられていたにちがいありません。

天平十八年（七四六）六月、二十九歳で家持は越中守（現在の富山県）に任じられます。しかし越中の最初の冬、雪国の冬の寒さに慣れきれず、病床についてしまいます。

《忽《たちま》ちに枉疾《おうしつ》に沈み、殆《ほとん》ど泉路に臨む。よりて歌詞を作り、以て悲緒を申《の》ぶる一首》

という歌を記しています。こうした歌は、誰に向けて書いたものでもなく、自らの手記としてつくられたものです。これはある意味、小説の始まりといっていいかもしれません。いわば私小説です。私小説でありながら「公」から語られているわけです。

いかんともしがたく病に陥ってしまい、苦しみは日ごとにつのり、都に残してきた母や妻、幼い兄妹を思うという気持ちは、病床の誰しも抱くことでしょう。家持はそれを、みごとなイメージを駆使して詠ったのです。

まだ病床にあった北国の四月、家持は漢文ものにしています。四言八句の漢詩で、その内容は、「思いもかけず重い病気にかかり、数十日も痛み苦しんでいる。しかし百神に祈祷して、快方に向かっているが、まだなお治らず筋力も衰え、苦しんでいる」ことを述べ、最後に「お見舞いのお礼も言うことができない、逢いたい気持ちがつのるばかりだ」と記しています。

病状を回復すると、家持は「越中三賦」という、越中の二つの「賦」を書きました。「立山の賦」「二上山《ふたがみやま》の賦」です。私は、立山の勇壮さもいいですが、やはり二上山のこまやかさに惹かれます。

二上山とは越中の山ですが、奈良の二上山と同名であることを家持は知っていたでしょう。ともに、二つの山が重なっていることに由来がありますが、それが二つの「神」でもあるという認識があります。「賦」とは朗詠をする歌の意味で、「立山の賦」では、《いまだ見ぬ人にも告げむ》と普通の言葉を使い、歌が単純になっています。

越中における生活は、家持にとって、都落ちの北方の暗い世界ではなく、まさに明るい北陸の自然との交わりを中心にしたものだったと想像されます。

◉「海行かば」に込められた思い

天平二十一年（七四九）、聖武天皇は東大寺に行幸し、造営中の大仏の前殿にお入りになり、像の正面に対座され、「陸奥国出金詔書」と題された「宣命」が読まれました。陸奥での黄金出土の喜びを述べ、神仏の勝れたしるしを畏《かしこ》み、皇祖の恵みに感謝し、それに仕えた多くの大臣、その子孫、特に大伴、佐伯《さえき》の両氏を名指し、その祖先以来、

《海行かばみづく屍、山行かば草むす屍《かばね》、王《おおきみ》のへにこそ死なめ、のどには死なじ》

と語られたのです。

ここで大伴氏の名が呼ばれたことに、越中にいた家持は感激し、「陸奥国に金を出す詔書を賀す歌」という長歌を歌いました。そのなかにあるのが、

《海行かば　水漬く屍　山行かば　草生す屍　大王の　辺にこそ死なめ　かへり見は　せじと言立《ことだ》て》

です。

ある意味、大仏は国家的事業である大きな文化建造物です。その時代の文化の実現とともに、この言葉が書かれたことに、家持の歌人としての精神性を感じます。

戦時中、「海行かば」はひたすら戦争の歌として人々に口ずさまれました。しかし、これが

文化的建造物の実現を祝して歌われたことが、その歌詞に深い意味を与えていたことを忘れるべきではないのです。

◉大仏開眼供養について詠わなかった理由

天平勝宝三年（七五一）、越中生活が五年経ったこの年、家持は少納言という、国政にとって重要な地位に選任され、いよいよ平城京に戻ることになったのです。国政を総括する太政官の下、第三等官になったわけですが、これは現在の首相の下の総理府のことで、天皇を補佐し、天皇に代わって国政を総理するもので、多くの場合、皇子が行うものでした。

そして天平勝宝四年（七五二）四月九日、いよいよ大仏開眼供養が行われることになりました。先述したように、黄金発見の喜びの歌を献上したこともあって、前年に帰京していた家持も、その供養は感無量の日であったことでしょう。

しかし家持はこれについては、歌をつくりませんでした。大仏の荘厳さに、和歌の美が圧倒されたというべきかもしれません。視覚的な美については言葉は沈黙する、という伝統が、ここにつくられたといってもいいかもしれません。自然の美をあれほど丹念に書き留めた家持が、人工の美に対しては何も書かないのです。

家持が、東大寺や興福寺の諸仏を見ていないはずはありません。その諸仏に対してなぜ感想を記さないのでしょうか。宗教の「美」と映っていないはずはないでしょう。

しかしそれについて触れないということは、「形」の美を「言語表現」にはできないという諦念があるように見えます。仏の功徳を語っても、仏像の具体的な「形」の描写は、これ以後も、明治まで日本の文学作品にはされませんでした。

◉戦いをつかさどる場所の歌

天平勝宝六年（七五四）、家持は少納言から兵部少輔《ひょうぶしょうゆう》に任官替えになりました。兵部省の次官の次席の地位で、現在でいえば防衛省の次席次官でしょうか。特に武官・兵士の人事を担当した彼はそこでも歌をつくります。戦いをつかさどる場所にも、歌は立派にあるのです。それが「防人《さきもり》の歌」です。

防人が北九州、壱岐、対馬で、大陸からの侵攻に対する守りについたのは、大化の改新の頃でした。防人の名は大化の改新の詔書が最初で、国司、郡司、関、塞（防塁）、防人を設置したと記しています。しかし本当の戦闘に備えたのは、「白村江《はくすきのえ》の戦い」のあとのことです。『日本書紀』でも、天智天皇三年（六六四）、対馬、壱岐、筑紫に防人を置き、烽《のろし》を準備し、筑紫大宰府を防衛すべく大堤防を築いた、と述べています。

人数は総勢三千人ほどで三年交代。その年はちょうど家持が赴任した年にあたっていました。防人は、各国司が部領使として難波まで連れてきましたが、興味深いことは、防人に選ばれた者たちの歌が、各国司によってまとめられ、朝廷に送られていたことです。すでに特攻隊と同じことが行われていたのです（彼らの場合は手紙でしたが）。それを読むのが家持の役割です。というのも、彼が『万葉集』の編集にあたっていたからです。

防人の歌まで収集するというのも、いかに和歌という形式が普及していたかをうかがわせます。

◉敬愛する人たちの死と家持最後の歌

聖武上皇は、孝謙天皇に皇位を譲られて七年目の天平勝宝七年（七五五）十月、病の床につかれます。

少し元気になられた翌年の二月、聖武上皇は光明皇太后、孝謙天皇と揃って河内離宮に行幸され、二泊して難波京に向かわれますが、家持も随行しました。しかしその難波宮で上皇はまたも病に伏せられ、十日経っても治りませんでした。

そして五月二日、再度、伊勢大神宮に幣帛《へいはく》（神に奉献する神饌以外のもの）を送られたその日、聖武天皇は崩御されたのです。享年五十六。三十三年の長きにわたる治政でした。

この日に触れた家持の歌はありません。安積親王の薨去に対して、あれほどの痛切の念を詠った家持にもかかわらず、です。

十九日に聖武上皇の葬送の儀がなされ、それはまるで仏を祀るかのようだったといわれています。

そして家持は最後の長歌をつくりました。この歌ほど、天平の歌人が、『記紀』の歴史を受けつぎ、聖武天皇の御代までに至ったその連続性を語ったものはありません。

《ひさかたの　天《あま》の門《と》開き　高千穂の　嶽《たけ》に天降《あまも》りし　皇祖《すめろぎ》の　神の御代より　はじ弓を　手《た》握《にぎ》り持たし　真鹿児矢《まかごや》を　手挟《たばさ》み添えて　大久米《おおくめ》の　ますら健男《たけを》　先に立て　ユキ取り負《お》ほせ　山川を　岩根さくみて　踏み通り　国求《ま》ぎしつつ　ちはやぶる　神を言向《ことむ》け　まつろはぬ　人をも和《やは》し　掃き清む　仕へ奉《まつ》りて　あきづ島　大和の国の　橿原の　畝傍の宮に　宮柱《みやばしら》　太《ふと》知《し》り立てて　天《あめ》の下　知らしめしける　天皇《すめろぎ》の　天《あま》の日継《ひつぎ》と　継ぎて来る　君の御代御代　隠さはぬ　明《あか》き心を　皇辺《すめらへ》に　極め尽くし　仕え来る　祖《おや》の職《つかさ》と　言立てて　授けたまへる　子孫《うみのこ》を　いや継ぎ継ぎに　見る人の　語り次《つぎ》てて　聞く人の　鏡にせむを　あたらしさ　清きその名を　おぼろかに　心思ひて　空言《そらごと》も　祖《おや》の名絶つな　大伴の　氏と名に負へる　ますらをの伴》（巻二十、四四六五）

これを現代文で解釈すると、「高天原の扉を開いて、高千穂の峰に天降った天孫瓊瓊杵尊《ににぎのみこと》の遥かな神の御代から、弓矢をとって大久米部《おおくめべ》の勇士たちを先に立たせ靫《ゆき》を背負わせ、山でも川でも巌を押し分けて踏み通り、国を求めて、荒ぶる神々を鎮め、手向かう者を服従させ、この国土をならすことにお仕え申し上げ、橿原《かしはら》の畝傍《うねび》の宮をつくり上げて天下をお治めになった皇祖以来の、皇統の継承者として継いで来られた天皇の御代御代に、隠すところのない誠の心を大君のみもとに捧げ尽くして仕えてきた祖先以来の役目であるぞ、と言葉に示してお授けくださった、子々孫々に継ぎ続け、見る人が次々に語り伝え、聞く人の手本にしようという、名誉ある清らかな大伴の名であるぞ、おろそかに思って、かりそめにもこの伝統ある名を絶やしてはならない、大伴の氏を名乗るますらおたちよ」です。

こうしたやや大仰な「公」の言葉を吐く家持が、一方では繊細な個人の心と自然の交わり、恋の歌を詠ったのです。ここに大伴家の天皇に尽くす「公」の精神と、「私」の精神が統一されていることがわかります。

この統一は、「公」の精神を虚構に思う「近代人」のおかしな精神構造と、鮮やかな対照をなしているといえます。

三十九歳の家持は、この歌を「族《やから》を喩《さと》す歌」と題しています。出雲守大伴古慈斐《おおともこじひ》が淡海三船《おうみのみふね》とともに不敬罪で拘禁された事件を意識し、大伴一族に訴えたと解釈されますが、ただ聖武上皇の崩御によって起きた動揺を戒める意味もあったでしょう。

さらに、家持の後ろ盾であった橘諸兄《たちばなのもろえ》も薨去します。享年七十四でした。家持はこの薨去に際しても歌を残しませんでした。あまりの衝撃は、歌心を消してしまうのです。

そして心の落ち着いた頃、

《移り行く　時見るごとに　心痛く　昔の人し　思はゆるかも》（巻二十、四四八三）

と詠っています。そしてこれが最後の歌となったのです。家持は四十二歳でした。

◉家持の歌人としての死

この後、家持は六十八歳で亡くなるまで、一首も残していません。この、生来の歌人と見られた家持が、二十六年間も歌を絶つのです。

私は、歌が芸術の原型であると考えています。才能がなくて生まれるはずはありませんが、しかし凡庸であろうと歌はつくれるのです。歌心は誰でも多かれ少なかれあるからです。それを磨くかどうかは、心がけ次第でしょう。

当時の人々は、短歌を通じて人間同士のコミュニケーションをつくり、自然を見、感じることに身を置いて作歌をしてきました。しかし家持のような歌人が歌を絶つというのは、なぜでしょうか。

それは、歌を詠う根幹となるモチベーション、基本の精神的動機が失われたからです。あの最後の長歌から、それを聖武天皇の崩御と見ることもできます。しかし、ただ制度的に天皇に忠誠を誓う、というのではありません。実際に幼少から身近に存在されると感じる存在、父のような、祖父のような偉大な存在。事あるごとに国民のことを気遣い、家持のことを見てくださるような、畏れ多いその存在が、この世から消えてしまったのです。

家持は歌人として、その芸術的、政治的源泉を、目の前で失ったのです。

天平宝字二年（七五八）二月、家持は因幡《いなば》の国守に任じられます。すでに右中弁《うちゅうべん》になっていましたから、左遷とも考えられるでしょう。しかし因幡への旅中にも、着任のときにも家持は歌を残していません。

ただし、家持が落胆していたかどうかはわかりません。しかし歌なき道行だったのです。家持は、詠わない、ということで、歌人の自己を自殺させたと見られます。

◉歌人として生き、官人として死んだ家持

家持は信部大輔《しんぶたゆう》となり、四十七歳で薩摩守となりました。薩摩という土地は、もし以前の家持であれば、多くの新奇さが、歌の主題になりえたはずの場所でしょう。たとえ左遷という落胆があったとしても、歌はそのことも詠えるのです。

さらに五十三歳になって民部少輔《みんぶのしょうふ》となり、すぐに左中弁兼中務大輔、正五位下、翌年には

従四位下と出世しています。しかし家持にとって、こんな出世の記録は何の意味があるのでしょう。

相模守、伊勢守にもなった。もし家持が続けて歌を書き綴っていたら、この時代の各地の様子がうかがえたことでしょう。しかし彼は沈黙し続けたのです。

天応元年（七八一）、桓武天皇が即位されました。家持は六十四歳、天皇は四十三歳、二十一歳も年下です。天皇を敬愛していても、歌をつくる原動力とはならなかったのです。

この年の十一月、従三位という高い位に任じられた家持ですが、なお彼の歌は復活しません。

延暦四年（七八五）、持節征東《じせっせいとう》将軍になり、東北、陸奥多賀城に赴任したときの家持の建言書が残されています。

《名取より以南二十四郡は、山海に僻在して塞《とりで》を去ること懸《はるか》に遠し。徴発あるに属しては機急に会はず。是に由《よ》りて権《かり》に多賀・階上《しなかみ》の二郡を置き、百姓を募り集めて、人兵を国府に足し、防禦を東西に設く》として、《望み請ふ。建てて真の郡と為し官員を備へ置かむことを。然らば則《すなはち》民は統摂の帰することを知り、賊窺窬の望を絶たむ》と、結論づけています。

多賀城は仙台の東、塩釜市から西に張り出した丘陵の先端にあり、仙台平野を見渡すことができる場所で、そこに築地がめぐらされていました。高さ五メートルの高さだったといわれています。陸奥国府です。つまり、「名取より以南を統治するには、郡としてまとめ、そこに官人を派遣せよ」と家持はいっているのです。

　このような建言の記載が、ほかの将軍の例を見ないことからも、陸奥が重要であることがわかります。家持は、のちの坂上田村麻呂の先駆者という地位でもあったのです。しかしここには、すでに歌人・家持はいません。

　延暦四年八月二十八日、中納言、従三位、征東将軍だった大伴家持は亡くなります。死地は陸奥多賀城であったでしょう。どのような病気であったかはわかりません。歌人として数々の歌を詠み、『万葉集』を編んだ家持は、まさに官人として逝去したのでした。

第十四章　疫病に勝った「やまとごころ」

◉民間ご出身の皇后陛下

現在の上皇后陛下も民間のご出身ですが、皇族以外から皇后になられたのは、天皇の歴史のなかでも例外的なことではありません。

先の美智子さまが皇族以外の民間から皇后陛下になられたことが戦後の民主化の象徴のようにいわれていますが、民間から皇后陛下になられた例は、近くは大正天皇のお后であられた貞明皇后がそうでしたし、古くは遠く奈良時代に光明皇后がおられたのです。

現代でも変わりなく日本人が天皇・皇后両陛下を中心に国家を形成していることは、世界的に見てもその継続性においても奇跡的ですが、その本質を理解するためには、すでに千三百年前の奈良時代から、皇室の努力と、国民の協調があったことを語らねばなりません。

皇族は、日本では支配階級ではなく、敬愛される社会的役割分担をもった家系であり、日本を自ら保有し、国民を自らの国家の家族の一員と考える伝統をもった家柄として、人々が認知している神話以来の存在なのです。このことを、神武天皇以来、共有していることを確認すべきです。それは神道に裏付けられた伝統というべきでしょう。

今日でも天皇・皇后両陛下が災害地を見舞われ、被害を受けた人々に励ましのお言葉をかけられることは、しばしば目にすることですが、あまり知られていないことに、上皇后陛下は、日本にあるハンセン病療養所をすべて回られるお気持ちをもたれているということです。これはすでに、のちほど述べる光明皇后のご行為に端を発していることを、念頭に置くべきでしょう。

皇后が、皇族以外の家系から入られることは、その皇族の伝統を、民間の力を吸収して体現できるということです。民間の皇后が、皇族とそれまでの大きな心理的な差異を克服する問題があるにせよ、それが可能であることは、これまでの民間ご出身の皇后が立証してきたところです。

天皇家の見方をもっていなかった家柄の女性が皇室に入るためには、そのことを習得することが必要となってきます。光明皇后を調べることは、そうした皇后の努力がどんなものであったか、ということを知ることでもあるのです。

◉仏教以前から皇室にあった福祉の思想

光明皇后のいわば福祉事業は、これまで、仏教の理解によって説明されてきました。光明皇后は仏教に篤く帰依され、東大寺、国分寺の設立を天皇に進言し、また貧しい人に施しをするための施設である悲田院《ひでんいん》、医療施設である施薬院《せやくいん》を設置して慈善を行ったとされています。

また、聖武天皇の崩御ののち、四十九日に遺品などを東大寺に寄進、その宝物を収めるために正倉院が創設されました。さらに、興福寺、法華寺、新薬師寺など多くの寺院の創建や整備に関わったとされ、それが篤い仏教の信仰によるものとされたのです。

仏教の庇護者として、光明皇后が、重症の癩《らい》病（ハンセン病）患者の膿を自ら吸ったところ、その病人が阿閦《あしゅく》如来であったという話はよく知られています（のちほど紹介します）。国立ハンセン病療養所である邑久光明園《おくこうみょうえん》はこの逸話から名付けられています。

さらに、都大路に並木をつくる際に、貧しい人が飢えないよう桃と梨の木を選んで植えさせたと伝えられています。

たしかに聖徳太子が摂政をされた推古天皇の時代から、仏教の時代として、その思想の開花として、寺院の建立と、その経典に基づく福祉思想が流布した、と考えられるかもしれません。しかし天皇と皇后は、日本の神話から続く、仏教移入以前からの存在であったことを、念頭に置かねばなりません。

たとえば、仏教伝来以前の仁徳天皇の時代にこの天皇がされた行為、すなわち人家の竈《かまど》から炊煙が立ち上っていないことに気づいて租税を免除し、その間は倹約のために宮殿の屋根の茅さえ葺き替えなかったという『記紀』の逸話（民のかまど）や、多発する河川の氾濫を防ぐために治水工事を行い、河内平野一帯に灌漑用水の設備を整えて農地を拡大させたことなど、国民のために自らの犠牲を顧みないという御意思は、皇室の伝統に属するものです。当然、厄災だけでなく病気に対しても同様であったでしょう。疫病の流行の際の崇神天皇が、大物主命の祭りを行ったことは、それを示唆しているのです。

仁徳天皇陵が、その造成において国民の力が結集したものであり、そのことが現代の建築技術からしても証明されることは、試算でも明らかにされています。それは、天皇が（あるいはこの祀られた為政者が）尊敬され、巨大な墳墓の必要性を感じさせた、偉大な人物であったことを予想させます。

国民のために尽くす思想が仏教以前にあったことを示す証拠となる、天皇陵といわれる墳墓がいずれも巨大であることは、それを反映しているといえます。つまり、仏教伝来以前、すでに天皇の福祉思想は確立されており、聖武天皇と光明皇后もそれを踏襲した、ということができるのです。

◉我が子の死が国民の子を思う気持ちとなる

それでは、光明皇后の人格と徳が、社会に与えた影響を考察していきましょう。

光明皇后がまだ正式に皇后になられる前、聖武天皇とのあいだに御子（基王）が生まれ、その誕生によって人々は喜びに湧き、早速、皇太子に指名されました。しかしわずか一年も経たず、この皇太子は薨去《こうきょ》されたのです。

期待されていただけにその悲しみは大きく、光明皇后は生き方を変えられたといわれています。自らの子を惜別する悲しみから、皇后として、そのまま国民の健康に目を向けたというのです。個人の子の死が、国民の死を思う気持ちに変わったということです。

その当時の公式記録『続日本紀』には、次のように書かれています（口語訳）。天平二年（七三〇）四月、

《初めて皇后宮職に施薬院を設けた。諸国に命じて皇后宮職の封戸（二千戸の規定）と太政大臣家（父である藤原不比等《ふひと》の家）の封戸の収入のうち、庸の品物を代価として薬草を買取り、毎年これを進上させることにした》（『続日本記』天平二年四月　上、宇治谷孟訳、講談社文庫）。

皇后宮職とは、初めてつくられた皇后のための役所です。そのなかに施薬院を設けたのは、国民の医療体制の樹立に貢献したいという、皇后の意志の表れといっていいでしょう。

施薬院とは、文字どおり病人に薬を施し、病を治療する施設のことです。興福寺にはすでに設置されていたかもしれず、聖徳太子のときにつくられていたと考えられます。しかしこの時代には公的記録に残されているのです。

「庸」とは律令制の貢租の一種で、封戸の持ち主は租・庸・調のうち、租の半分と庸・調の全部を自らの収入とすることができましたが、そのうちの庸を費用にと皇后は申し出たのです。

同じ頃に悲田院も置かれ、施薬院を設立した同じ月に、皇后は興福寺に行啓して五重塔を建立、そして天平五年（七三三）に、興福寺に西金堂を建立されました。

これらのことは、単に仏教の教理による仏像理解だけでなく、皇后個人の国民へのご意志が、

この御堂の仏像制作にまで及んでいたと考えることの一つの根拠となるでしょう。

こうして皇后は社会事業を一方で推進されたのです。

文字が輸入され、律令国家としての日本が成立してから、為政者として医療活動を行うことは、ある意味で皇室の当然の行為でした。

しかしそれを積極的に行うか否かは、天皇、皇后の性格や意志によります。それを光明皇后が率先して行われたことが、天皇家の行為として支持されるのは自然だったでしょう。

光明皇后にとって、このような病人に対する深い慈善の心は、皇后に冊立《さくりつ》される前、わが子、基王の死が大きな影響を与えたのでしょう。個人的な母としての感情があったことが推測できます。

◉その生涯が『続日本紀』に記述される稀なる存在

光明皇后の生涯を考えるうえで最も重要な記述は、『続日本紀』天平宝字四年（七六〇）六月七日の条の、光明皇后の崩御の記事です。ちょっと長くなりますが、『続日本紀』が皇后の生涯を記述することは稀有なので、口語訳で引用してみましょう。

《六月七日　天平応真仁正《おうしんにんじょう》皇太后（光明皇太后）が崩御された。皇太后の姓は藤原氏。近江朝（天智朝）の大織冠《たいしょくかん》・内大臣の鎌足の孫で、平城朝（元正朝）に正一位・太政大臣を追贈された不比等の女《むすめ》である。母は正一位を贈られた県犬養宿禰《あがたのいぬかいのすくね》三千代《みちよ》である。皇太后は幼い頃から賢く、恵み深く、早くから良い評判が高かった。

勝宝感神聖武皇帝《しょうほうかんじんしょうむ》（聖武天皇）が皇太子であったとき、光明子を宮中に迎え入れて妃とした。時に年齢は十六であった。多くの人々を迎え導き、人々は皆それを喜び満足した。常に礼の教えに親しみ、あつく仏道を崇《あが》めた。神亀元年、聖武皇帝が即位したとき、正一位を授けられ大夫人となった（宮子と混同）。高野天皇《たかのすめらみこと》（孝謙天皇）と皇太子を産んだ。その皇太子は生後三カ月で皇太子とされたのであったが、神亀五年に幼少のまま死んだ。時に年は二歳であった。

天平元年、大夫人の光明子を尊んで皇后とした。食封《じきふ》は湯沐《とうもく》（沐浴のための養育料）のほかに、さらに別封一千戸を加えた。東宮であった高野天皇にも食封一千戸を加えた。皇太后は仁慈の心が深く、人々の苦しみを救うことを心がけていた。東大寺や全国に国分寺を創建したことも、もともと皇太后が聖武天皇に勧めたことによるものである。

また悲田・施薬の両院を設け、天下の飢えと病で苦しむ人々を治療し養った。天平勝宝元年、高野天皇が聖武天皇から譲位されたとき、皇后官職を紫微中台と改称し、勲功のある人や賢明な人をうまく任命し、紫微中台の官人に列した。天平宝字二年、尊号を上《たてまつ》って天平応真仁皇太后と言い、紫微中台を改めて坤宮官と称した。崩じたとき、年齢は六十であった》（『続日本記』天平宝字四年〈七六〇〉六月七日の条）

繰り返しますが、こうした皇后の生涯を記述することは、国家の歴史を記す『続日本紀』でも稀ですが、それは初めての皇族以外の出身であることを、その業績で、その任を十分に果たされたことを強調したかったからかもしれません。

◉千人の貧民や病人の体を洗った光明皇后

このような皇室外の出身の光明皇后を守ったのは、ひとえに聖武天皇であったにちがいないでしょう。しかし皇后自身の献身的仕事が、その支えになったのもまた間違いありません。

光明皇后の業績がどのようなものであったか、さらに見ていきましょう。

戦前の小学校の『修身』の教科書には、光明皇后が自ら千人の乞食の者の垢を洗われたという話が載っていました。奈良時代の浴室は寺院に設けられていて温室と呼ばれ、懺悔《ざんげ》を行う前に、その日の前日にあたる月ごとの十四日と二十九日に湯休し、身を浄めるもので、その温室で貧民や病人の体を洗ったという話です。

光明皇后はある夜、夢で仏より教示を受けたといいます。皇后はその教えに従って温室をつくり、貧民窮民、病人等千人の人の垢をすることを発願されました。皇后は、こうして建てられた温室へ毎日行啓されては、乞食や病人等を招き、これらの人々の体の垢をすることを日課とされたといいます。

そして幾十日かが過ぎ、満願の千人目の人が皇后の前に現れたのですが、その人はハンセン病を患った人でした。異様な臭気が温室のなかに立ちこめ、熱気にむせかえるなかで、陪従の女官たちは思わず両手で顔をおおい、あるいは鼻をつまんだといいます。

それでも光明皇后はこれをいとわず、このハンセン病患者の体の垢を洗い、その人の願いによって全身の膿まで口で吸い取られたのです。そのとき、たちまち室内に光明が輝き、異様な臭気はたちまち馥郁《ふくいく》たる香気と変じ、ハンセン病患者は忽然として仏に変じたといいます。この病人は、阿閦佛《あしゅくぶつ》の化身だったのです。

皇后はのちに伽藍を建て、その寺院を阿閦寺と名付けたといいます。阿閦佛というのは、密教でいう金剛界五佛の一つで、東方にあって善快国で説法しているといわれ、人間の病気を癒す佛とされている阿閦如来のことです（小澤博英『聖武天皇社と伊勢』三重県郷土資料刊行会、一九八二年）。

このような伝説は、光明皇后の慈悲心を喧伝《けんでん》するためにつくられたものでしょうが、皇后のお立場を超えて、光明皇后の慈悲心の深さを象徴する物語となっています。

しかし何よりも、天皇家がもともと、国民のための福祉政策を行うことは、皇室のすべき行為であり、それが国民の皇室崇拝の基礎をなすものであったのです。

◉自らの財源のなかから薬物購入のための費用を割く

病人の病を癒すには、何をおいても薬物が必要となります。そこで光明皇后は、自らが自由にできる財源のなかから薬物購入のための費用を割き、薬物の入手に乗り出されました。しかも、費用の三分の二を藤原家から支出したのです。それは藤原家としての慈善を強調する意味もあったかもしれません。

また、『続日本紀』の天平二年四月の条には言及はありませんが、貧窮・孤独の人を収容する施設としての悲田院が設立されたのも、おそらくこれと同じ時期でしょう。このようなことから、聖徳太子と並んで、光明皇后は日本における社会福祉事業の先駆者となったのです（森本公誠『聖武天皇――責めはわれ一人にあり』講談社、二〇一〇年）。

悲田院、施薬院は聖徳太子建立の四天王寺の施設として、著名な存在となっていました。しかし光明皇后が生きた同時代の史料に、それが興福寺で復活したと書かれていることは歴史的意義をもつものです。

光明皇后による二つの院の事業は、国家の中枢にある人物の事業ですから、慈善事業であると理解されてきました。つまり、社会福祉の未発達の段階に所作であるという認識に立っているわけです。

それに対し、すでに聖徳太子からの事業であれば、れっきとした福祉事業であり、日本の社会の成熟を語っている、といっていいでしょう。それは国家の為政者が、積極的に国民の福祉活動を推進するという意味で、「近代」的な意味をもってさえいるのです（宮城洋一郎「光明皇后の福祉事業について」『論集　光明皇后――奈良時代の福祉と文化』東大寺、法蔵館、二〇一一年）。

光明皇后は施薬院や悲田院の設置以外にも、学問の奨励、奨学制度の創設、東大寺や全国に国分寺・国分尼寺を創建されました。これらはもともと、皇太后が聖武天皇に勧めたことによるものだといわれています。

光明皇后が聖武天皇を助け、その事績に貢献している姿は、よく「しりえの政」といわれます。「しりえの政」を辞書で引くと、「後宮の政」ということになっており、皇后の政治ととられますが、光明皇后の場合は、天皇と相並んで政務を執るという意味で、これは画期的な皇后の行動といえます。

◉最愛の人を喪った光明皇太后のお気持ちの表れ

天平勝宝八年（七五六）五月乙卯《きのとう》（二日）、聖武太上天皇が崩御されます。最愛の人を喪った光明皇太后は、天皇遺愛の品々六百五十点ばかりを東大寺大仏に奉納、その後も東大寺を含む南都の十八か寺に天皇に縁《ゆかり》の品を数点ずつ施入して、天皇の冥福を祈られています。

天平時代の中頃には、藤原不比等の邸宅であるご自身の生家を法華寺とされていましたが、さらに天平宝字二年（七五八）から三年にかけて造法華寺司を組織し、金堂や本尊の造顕を進められたのです。これらも、仏教的な喜捨の観念で説明されますが、ここには文化に対する国家観がある、というべきでしょう。

自己の資産として天皇家に残すのではなく、国家宗教としての東大寺、天皇の資産は国家のものである、という皇室の伝統をまさに体現されたのです。それは光明皇太后が、皇室出身の皇后以上の、皇族の自覚をもたれていたことを示すことにほかなりません。

光明皇太后が聖武天皇の遺愛の品々を東大寺に寄贈されたことの意図を、光明皇太后自身が明示する史料が残されています。まず『国家珍宝帳』では、天平勝宝八年（七五六）、聖武天皇七十七日忌に際し、

《太上天皇の奉為に国家珍宝等を捨して東大寺に入れる願文、光明皇后》

と冒頭に明記しているように、光明皇太后により聖武天皇の遺品を東大寺大仏に奉献した品々等を記した巻物となっています。

それは現存する五つの『東大寺献物帳』の一つであり、巻首に「光明皇太后」の願文が書かれ、六百数十点の遺愛品の目録を載せているここに記された願文は、《妾《われ》は聞く》と願文の主体者であることを述べ、次のように現世に対する見方と仏教の功徳を説いています（米田雄介

「東大寺献物帳作成の意義」大阪大学文学部日本史研究室編『古代中世の社会と国家』清文堂出版、一九九八年)。

《悠々たる三界に猛火は常に流れ、ようようたる五道に毒網は是れ荘なりと。所以に自在の大雄、天人の師の仏は、法釣を垂れて物を利し、智鏡を開きて世を済ひ、遂に擾々《じょうじょう》たる群生をして寂滅の域に入らしめ、蠢々《しゅんしゅん》たる品類をして常楽の庭に趣かしむ》(宮城洋一郎「光明皇后の福祉事業について」『論集　光明皇后――奈良時代の福祉と文化』東大寺、法蔵館、二〇一一年)。

ここには、「猛火」と「毒網」の現世に対し、仏による「済世」の意味を「群生」の「寂滅」と「品類」の「常楽」にあると理解する立場が示されています。しかし同時に、願文の末尾では、《今上陛下の寿》を讃えながら、次のように述べています。

《復た乃ち天は成《ととの》ひ、地は平らかに、時は康らけく、俗は阜《さかん》に、万姓はぶ為の化を奉じ、百工は友道の風に遵ひ、十万の三界、六道の四生も、同じく此の福に露ほひ、威は妙果に登らんことを。盧遮那仏に献す》(宮城、前掲書)

「天成」「地平」「時康」「俗」という世界観を示して、冒頭に述べた現世の厳しさから一転して「平」「康」を強調して述べているのです。

その前半の、天と地に示される世界観は、『記紀』の、天と地の自然観と重なり、決して仏教だけでなく、神道的な自然観を包含していることがわかります。そしてそこに盧舎那仏造営がもたらす安定した社会状況を願う立場が表されています。

そのことは、「俗」であることによって、福の広がりを得て、「妙果に登らんこと」と結ばれていく文章でも理解されるのです。

◉国民の病気を治すことへの祈り

この点で、『続日本紀』天平十五年十月辛巳《かのとみ》条の大仏造営詔とも関連づけられていきます。同条に、

《誠に三宝の威霊に頼りて乾坤相泰かに、万代の福業を修めて動植悉く栄えんことを欲す》

としているところは、光明皇后が提示した「平」「康」を強調する、歴代皇室の御行為との共通点も見出されます。

さらに、「種々薬帳《しゅじゅやくちょう》」の願文には、

《前を以て堂内に安置し、盧遮那仏に供養す。もし病苦により用ひるべき者あれば、列びに僧

綱知りて、後に充用することを聴せ。伏して願はくは、この薬を服すれば、万病悉く除かれ、千苦皆救われ、諸善は成就し、諸悪は断却され、自らは業道にあらずとも、長じて夭折することなきを遂に命終の後、花蔵世界に往生せしめ、盧遮那仏を奉じて、必ず遍く法界の位を証得せんと欲す》

と、盧舎那仏供養と病人救済とが結び付けられています。

ここでは、施薬が盧舎那仏を供養するとともに、病苦の者に用いることを前提としています。国民の病気を治すことへの祈りは、大仏が、天皇・皇后によって造立されることと同一視されているのです。

「服薬」によって病苦を除き、夭折なきようにと願い、さらには「諸善は成就し、諸悪は断却され」ることにも及んでいます。

慈悲心に富んだこの内容は、それがもともと、光明皇后の独自の御心であることを示唆しているのです。これもまた、日本人の心、「やまとごころ」を高めた皇后のご行為でした。

本書に関連する拙著一覧

『フォルモロジー研究　ミケランジェロとデューラー』美術出版社・一九八四年
『日本美術全史　世界から見た名作の系譜』講談社・一九九五年／講談社学術文庫・二〇一二年
『天平のミケランジェロ 公麻呂と芸術都市・奈良』弓立社・一九九五年
『法隆寺とパルテノン　西洋美術史の眼で見た新・古寺巡礼』祥伝社・二〇〇二年
『国民の芸術』新しい歴史教科書をつくる会編・産経新聞ニュースサービス・二〇〇二年
『聖徳太子虚構説を排す』ＰＨＰ研究所、二〇〇四年
『「やまとごころ」とは何か　日本文化の深層』ミネルヴァ書房・二〇一〇年
『天平に華咲く「古典文化」　続「やまとごころ」とは何か』ミネルヴァ書房・二〇一六年
『日本美術 傑作の見方・感じ方』ＰＨＰ新書・二〇〇四年
『日本の歴史 本当は何がすごいのか』育鵬社・二〇一二年／扶桑社文庫・二〇一五年
『美しい「形」の日本』ビジネス社・二〇一三年
『日本の文化 本当は何がすごいのか』育鵬社・二〇一三年／扶桑社文庫・二〇一六年
『本当はすごい！ 東京の歴史』ビジネス社・二〇一四年
『日本の宗教 本当は何がすごいのか』育鵬社・二〇一四年
『日本人が知らない日本の道徳』ビジネス社・二〇一六年
『聖徳太子 本当は何がすごいのか』育鵬社・二〇一七年
『高天原は関東にあった　日本神話と考古学を再考する』勉誠出版・二〇一七年
『日本の起源は日高見国にあった　縄文・弥生時代の歴史的復元』勉誠出版・二〇一八年

『天孫降臨とは何であったのか』勉誠出版・二〇一八年
『日本国史　世界最古の国の新しい物語』育鵬社・二〇一八年
『邪馬台国は存在しなかった』勉誠出版・二〇一九年
『発見！ユダヤ人埴輪の謎を解く』勉誠出版・二〇一九年
『ユダヤ人埴輪があった！　日本史を変える30の新発見』育鵬社・二〇一九年

他

【著者略歴】
田中英道（たなか・ひでみち）
昭和17（1942）年東京生まれ。東京大学文学部仏文科、美術史学科卒。ストラスブール大学に留学しドクトラ（博士号）取得。文学博士。東北大学名誉教授。フランス、イタリア美術史研究の第一人者として活躍する一方、日本美術の世界的価値に着目し、精力的な研究を展開している。また日本独自の文化・歴史の重要性を提唱し、日本国史学会の代表を務める。著書に『日本美術全史』（講談社）、『日本の歴史 本当は何がすごいのか』『日本の文化 本当は何がすごいのか』『世界史の中の日本 本当は何がすごいのか』『世界文化遺産から読み解く世界史』『日本の宗教 本当は何がすごいのか』『日本史５つの法則』『日本の戦争 何が真実なのか』『聖徳太子 本当は何がすごいのか』『日本の美仏50選』『葛飾北斎 本当は何がすごいのか』『日本国史』『日本が世界で輝く時代』『ユダヤ人埴輪があった！』『左翼グローバリズムとの対決』（いずれも育鵬社）などがある。

日本国史の源流
縄文精神とやまとごころ

発行日　2020年10月１日　初版第１刷発行
　　　　2023年７月10日　　　第５刷発行
著　者　田中英道
発行者　小池英彦
発行所　株式会社　育鵬社
　　　　〒105-0023　東京都港区芝浦1-1-1　浜松町ビルディング
　　　　電話03-6368-8899（編集）　http://www.ikuhosha.co.jp/
　　　　株式会社　扶桑社
　　　　〒105-8070　東京都港区芝浦1-1-1　浜松町ビルディング
　　　　電話03-6368-8891（郵便室）
発　売　株式会社　扶桑社
　　　　〒105-8070　東京都港区芝浦1-1-1　浜松町ビルディング
　　　　（電話番号は同上）
本文組版　株式会社　明昌堂
印刷・製本　サンケイ総合印刷株式会社

ISBN 978-4-594-08624-4

本書のご感想を育鵬社宛てにお手紙、Eメールでお寄せください。
Eメールアドレス　info@ikuhosha.co.jp